U0646728

豫约幸福

鲁豫 主持

凤凰书品 编著

谈笑间 触摸幕后生活的真实维度

回忆中 照见如星光般璀璨的理想

那些年我遇见的幸福故事

北京联合出版公司

目录

文章 小男人

Wen Zhang

2008年9月20日下午1点，文章和马伊琍的女儿文君竹出生，虽然女儿出生的那一刻，文章因公出差，未能见证女儿诞生的整个过程，但24岁的文章在抱起女儿的那一刹那，却难掩年轻父亲的喜悦与激动之情。

文　章：我看到我女儿第一刻，我就觉得太神奇了。头发那么多，小脸红扑扑的，眼睛闭着，什么声也不吭，特别乖。然后我看马伊琍，插着监护仪器呀什么的，很虚脱地在那儿躺着，一个劲儿地出虚汗，真是心疼死了。其实我很纠结，我从马伊琍怀孕起就一直在工作。这工作有两种动机：一种是我觉得我已经是父亲了，我已经在支撑一个家庭，那么我得出去努力地工作、挣钱；还有一种是急于想证明自己，这种证明也是源于一种自尊心。因为从我跟马伊琍在一起，就有很多不和谐的声音，这些声音会让我有很多的心理变化，所以导致我想极力地向大家证明，我文章其实不是靠身边的一个女人而走到今天的这个位置的。所以我当时就很急于求成，不停地在接戏，不停地工作，导致女儿出生以后，我每次离家工作长达两三个月，每一次回家的时候，我女儿就像惧怕所有的生人一样，见我就哭，那对我是一种特别沉痛的打击。所以我后来结束了手头的所有工作，就专心在家陪她。

谈到女儿，文章的脸上洋溢着慈爱与幸福，也流露出失意与落寞。面对女儿的成长，他有诸多错过，也有很多惊喜。

鲁　豫：你的小孩会叫的第一个词儿，是妈还是爸？

文　章：爸爸。

鲁　豫：是你刻意培训她的吗？

文　章：没有。可能因为爸爸这个单词比较好发音吧。因为“妈”会有个鼻音。那“爸爸”就是两个嘴唇，上下一打就好了。

鲁　豫：你肯定趁马伊琍不在的时候老教她念“爸爸”。

文　章：没有。我记得我女儿第一次叫我是在她七个半月的时候，我是工作中途回来看她，然后我们一家人去吃饭，在一个餐厅里头，她刚坐在宝宝椅上，突然看着我叫：“爸爸。”我当时说：“啊？你再叫一遍。”她叫完“爸爸”这两个字之后，我马上就热泪盈眶。你知道我那种欣喜，就是觉得，天哪，这个世界上第一个人叫我“爸爸”。

鲁　豫：你这反应太逗了，可不就是第一个嘛。

文　章：对呀，她就是啊！我当时就傻了。

鲁　豫：那你们家周围别的人也傻了吧？

文　章：没有，我觉得马伊琍可能会有一种嫉妒的心理，女儿的行为促使她说了一句话：“她现在这么小，说的所有的话都是无意识的。”

鲁　豫：嫉妒。

文　章：是不是？明显的嫉妒！

鲁　豫：你想当妈的心情啊，我每天抱着孩子、陪着她，然后她第一个叫的是爸爸，内心是会有一些那样的感觉。

文　章：我理解呀，但我还是认为我女儿是有意识地叫我。

鲁　豫：做演员就是这样，你得出去演戏，对小孩来说，你走的那两个月她会有巨大的变化。

文　章：对，她一天一个变化。

鲁　豫：你会发现她很多的第一个，你可能会错过，那特别可惜。

文　章：其实我现在回想起来，我错过的真是太多了。比如说我女儿降生的时候，我不在；她会爬的时候，我不在；她会走路的时候，我不在；她会自己拿勺子吃饭的时候，我也不在。

鲁　豫：而且你拍戏之后回家歇一段时间，跟她刚熟了，你就又走了，然后回来再重新开始这个过程。

文　章：对，必须重新建立。但是我觉得她潜意识里应该知道这个人似曾相识，或者说是由于一种血缘的存在。

鲁　豫：小孩现在应该也到了那种时候，就是她看电视里面这个人，她应该意识到这个人是我爸。

文　章：对，她一看见电视里的我，她就“嗯嗯”地叫着指电视。

鲁　豫：但小孩会不会很崩溃，面前这个人是谁，电视里这个人是谁，怎么会有两个爸爸，她会有那种感觉吗？

文　章：不知道，但你提醒我了，我回家得问问……我也觉得这事是挺崩溃的！

鲁　豫：现在小孩对于离愁有感觉吗？

文　章：有。我因为电影从台湾回来，休息了一天，第二天早晨就要飞香港，因为很累，我努力让自己早起半个小时陪她玩一会儿，给她放音乐，陪她跳舞。正在特别开心的时候，我一看表，不行，我得走了。我出门的时候说："跟爸爸再见，给爸爸一个飞吻！"她就抱着外婆的腿，就这么眼巴巴地看着我，然后慢慢把头埋在外婆的腿里。我继续说："跟爸爸再见，快点，爸爸走了。"她就不看我，冲我挠挠手指。我当时特别想放下行李，打个电话说我不走了，我就在家待着了。后来我是缩短了所有的行程，马上再回来。

有了女儿的文章，脸上还是大男孩般的淘气神色，但是语气中多了许多成熟、稳重，以及对生活还有生命的感悟。这是在大多数他这个年龄的男生身上，找寻不到的气质。

鲁　豫：女儿会更像爸爸。

文　章：她几乎是跟我一个模子刻出来的，就是跟马伊琍没什么关系的那种。

鲁　豫：那性格呢？

文　章：性格一半一半吧。就是她胆子小，可能随马伊琍。

鲁　豫：你小的时候跟她小的时候照片对比起来一看……

文　章：完全一个模子啊！我小时候长得挺秀气的，我爸妈很喜欢女孩儿，老把我当女孩打扮。就是生出来看是男孩，估计他们也挺遗憾的，当时肯定挺沮丧，为什么不是一女孩儿啊！

鲁　豫：人都是这样，当你有了孩子以后，你突然就能够明白，你爸你妈所付出的一切。

文　章：所谓养儿方知父母恩嘛！

鲁　豫：这个是不管你多大，如果你没有孩子的话，那种感受一定不会那么深。

文　章：对，绝不可能。在我没孩子的时候，我只是说“爸妈辛苦了”，但是现在我反而可能不会说了，我说的更多是“你们自己要注意身体”。

1984年的夏天，文章出生在西安南郊的一个机关大院里，父母都是严谨的机关工作人员，对于父母来说，文章的人生道路就应该像他们一样，考取公务员，然后结婚生子，但文章并没有按照父母的安排发展，大院的生活对于文章来说，有被母亲装扮成女孩的无奈，有和伙伴一起爬烟囱、拍砖头的淘气，还有很多80后的理想主义。

鲁　豫：你小时候一定是比你女儿更淘气。

文　章：淘多了，我胆儿大呀，我什么都干。

鲁　豫：但你不是被当成一个女孩那样来养吗？

文　章：所以这可能是我的叛逆心理在我幼儿时期就萌发了。我说凭什么我一男的，你非得让我去女厕所，让我去女澡堂洗澡。

鲁　豫：那时候都是这样的，因为你妈妈带你去的话，你只能跟着妈妈去女澡堂啊！

文　章：我进去之后，永远低着头，因为幼儿园的老师呀、同学呀都在，这是我特别崩溃的一点。到现在我回到西安之后，我那些幼儿园的女同学还说："你怎么变了，你忘了咱俩还一块儿洗过澡呢！"小时候我妈老在我脑门上点红点儿，我就问她，现在让您脑门上点一红点儿，您出去吗？

鲁　豫：然后你妈怎么说的呀？

文　章：我妈说小孩好玩呀！她给我扎辫子，抹红嘴唇、腮红，我还烫过头发，穿过小高跟鞋呢！

鲁　豫：我很同情你小的时候，但真的很可爱。你妈现在看到孙女儿特别高兴吧？这真是一个小女孩了。

文　章：对，她很开心，比我开心。

鲁　豫：应该把孩子她爸小时候穿的小高跟鞋呀，系的什么发带都留着。

文　章：哎哟，我妈那次来的时候，硬生生让我把东西带回去了。我妈说："这是你小的时候睡觉抱着的洋娃娃。"

鲁　豫：这很有意义。

文　章：我妈说把这个给我女儿，我说："别了，不然我女儿就得说，爸爸小时候睡觉抱洋娃娃！妈妈都没有，爸爸为什么要有？"太可怕了这个。

2002年，文章考入中央戏剧学院表演系。据说，他当年考中戏的时候一共填了八个高考志愿，全部都是中戏。曾经有过拍戏经历的他，放弃了保送名额，在中戏和电影学院双双投来的橄榄枝中，选择与中戏结下不解之缘。

文　章：当时在西安有一个学校是保送的，不用高考，我不去。我觉得这事不是我想干的事，因为我之前拍过戏，我知道拍戏这事好玩儿，就考了电影学院，考了中戏。结果都考上了，都给我发了文考通知书，我就回西安去复习文化课了，准备高考。高考完了，也估完分了，我觉得应该是没问题了，就开始填志愿。我妈说既然两个学校都已经给你发了文考，你就把两个学校都填上，你第一想去哪儿，第二想去哪儿。但是这两个学校，绝不录第二志愿，就只录第一志愿。所以我一想，我肯定想去中央戏剧学院哪，我就全写中戏，至少老师看了舒服，对吧？

鲁　豫：你把人家心理琢磨得很透彻啊！填俩其实是浪费了，反正第二志愿也不会要你。然后中戏老师一看：啊！你还有备份呢！

文　章：对呀，那个时候人家说，文章怎么那么鸡贼呀，或者说你怎么心机那么重啊！我说对不起，我这叫心思缜密。

心思缜密的文章考上了中央戏剧学院，在北京东棉花胡同度过了四年的美好时光。

鲁　豫：你刻苦吗，学得？

文　章：可不刻苦了。我大一、大二的时候，觉得自己上中戏是个误会，就连老师的作业都听不懂。

鲁　豫：那你能及格吗？

文　章：中戏是一个特别有人情味的地方。及格是肯定及格，但是多一分都不给你。

文　章：很惨的是我第一学期，台词不及格，四门主课——声乐、台词、形体、表演，在中央戏剧学院只要有一门不及格，大一的时候就要回家的。

鲁　豫：就是让你退学，是吗？

文　章：对，退学。我跟觅觅（文章的同宿舍好友周觅），我们俩台词都不及格，觅觅有他的劣势，他是湖南人，特别爱说湖南话，所以他的台词有很多标准音发不出来。

鲁　豫：那你发音没问题呀！

文　章：对，所以我的问题是在于学习态度。我上第一堂台词课的时候，我们所有人在一个大的形体教室上课，每个人躺在地上。我们台词老师说："呼吸，我们先呼出去，然后再吸进来，我们寻找睡觉的感觉，打哈欠的感觉。"我特别好，我就睡着了。

鲁　豫：你不会吧？

文　章：我就真的睡着了。我是按照你的要求做的啊！我没做错吧？你说寻找，我找着了。

鲁　豫：对，你找着了。

文　章：可老师说："文章我告诉你，你就睡吧，这四年你就睡过去吧！与其这样，你还不如回家睡！我告诉你，台词课我一定给你不及格！"我想开学第一堂课，她跟我说这种话，那我接下来是不是要用一学期的时间缓和这种关系。所以一到上台词课的时候，我们班都特别紧张，尤其我跟觅觅。我们两个开始努力上课，可最后还是于事无补。觅觅其实学习态度很严肃的，但是我不知道为什么，这么严肃的学生，老师都给不及格。这个老师，其实到现在为止，我都不太理解她。

大一被挂科的文章，度过了在中央戏剧学院最难熬的一段时光。由于年级组老师的极力争取，文章和另外几个挂科的同学，才得以继续留在学校，然而，此时的文章已经信心尽失。

文　章：老师找我谈过一次话，她说："文章，两年过去了就过去了，你也不要再去为你这两年做的所有的事去反思、去后悔什么的。戏剧学院一定不会把一些没有特点或者没有表演能力的人招进来。我们招你的时候就从你身上看到了你有这种能力。我给你一个剧本，我帮你找同学排练，我给你打招呼。"然后她给了我一个剧本，叫"第一次亲密接触"，后来交完这个作业之后，我才觉得这事儿挺靠谱儿的，突然间开窍了。然后紧接着交了一些作业，比如《赵氏孤儿》。当时我特别自豪，因为这是我第一次交作业之后，老师当堂就通知大家说，这个作业我们保留到期末压轴表演。我们一学期会交好几十个片段，但老师最后只选七八个，而我就是那七八个之一，而且还是压轴的。

鲁　豫：所以，每个人都会有那个转折。

2011 年夏天最火的一部电视剧，莫过于《裸婚时代》。其中文章饰演的角色刘易阳，更成为舆论的焦点，这个被称为打着灯笼都难找的新好男人，让观众纷纷发出嫁人就嫁刘易阳的感慨。

文　章：这部戏对于我们整个工作团队来讲是一个遭遇战，从 2010 年 12 月 20 日开机，到 2011 年 2 月 20 日停机，拍摄行程很紧。确实是没想到这个戏会成为今天这样。6 月 11 日播出，11 天后就收视破亿了。

鲁　豫：破亿那天，你心里面有没有小小地得意一下？其实这是你付出最多的一部戏了，你是编剧，是策划。

文　章：太得意了。

戏中的很多台词，都是文章自己写的。按照他的话说，这是现实体会。他经历了为人子、为人夫、为人父，也和剧中的刘易阳一样，有个可爱得不得了的小女儿。他把生活中的自己，不知不觉地和刘易阳“纠缠”在一起。现场经常遇到的状况就是：没有剧本，演员自由发挥；或者现场改剧本，演员依旧自由发挥。

这是一个年轻的团队、自由的团队、有激情的团队。每个演员都有自己对裸婚、对爱情的理解，然后把这种理解深深融入台词与表演之中。

文　章：有一天，马伊琍跟我讲女儿将来要找男朋友、要结婚该怎么办。那时候我俩在散步，她大概口若悬河地讲了两分钟，把我给说伤感了。然后我回了她一句："唉，女儿要找个男朋友带回家来，我一定不在家，一定出去。"她说："为什么啊？"我说："不想看见那男的！"她说："你得看啊，你得知道你女儿找了一个什么样的人，你放不放心，他到底好不好啊！"然后我就对她说，她一点都不理解一个父亲的心。我岳父也是同样疼爱马伊琍的，我是结完婚并且有了女儿之后，才特别理解我岳父对于我太太那种无私的父爱。我把很多我的生活体验，都糅到了《裸婚时代》里面，包括戏里面写刘易阳的妈妈无比宠爱刘易阳，也是有一点在写我妈。我妈就是觉得我特好，总夸我，尤其当着太太的面夸，夸得我实在是害羞。

鲁　豫：那你说你岳父，当年是不是也跨越了很多像你那样的心理障碍来面对你？

文　章：当然。

鲁　豫：你对裸婚怎么看？

文　章：我戏里头写了一句话叫"细节打败爱情"，我想让大家去思考的是，细节到底能不能打败爱情。

文章和马伊琍度过了生活中的种种细节，他戏里戏外的形象也让观众戏称他为“中国第一小男人”，文章对此毫不反感，反而欣然笑纳。

《小爸爸》是文章首部自导自演的作品，从《蜗居》、《裸婚时代》、《失恋 33 天》一路走来，文章从小男人、小老公变成小爸爸。文章和马伊琍在其中首次饰演一对夫妻。

王小贱（文章饰）：“一日他不再爱你，那么你这个人，楚楚可怜也是错，生气勃发也是错，你和他在一个地球上同呼吸共命运都是错，或许可以为他死？哈！那更是让他午夜梦回时破口大骂的一个错。”

凭借电影《失恋33天》，文章获得第31届大众电影百花奖最佳男主角奖、第19届北京大学生电影节最受大学生欢迎男演员奖、最佳男演员提名、第3届中国电影导演协会年度男演员提名。

刘易阳（文章饰）：“我没车，没钱，没房，没钻戒，但我有一颗陪你到老的心。等到你老了，我依然背着你，我给你当拐杖；等你没牙了，我就嚼碎了喂给你。我一定等你死后我再死，要不把你一个人留在这世界上，没人照顾，我做鬼也不放心。”

凭借电视剧《裸婚时代》，文章获得中国金鹰电视艺术节最佳人气男演员奖、第18届上海电视节白玉兰奖最佳男演员提名。

失恋33天
love is not blind
爱，就疯狂 不爱，就坚强
2011.11.8
中国电影股份有限公司北京电影发行分公司
发行
上海路文影视文化工作室
东阳新经典影业有限公司
北京华美时空文化传播有限公司
完美世界（北京）影视文化有限公司
联合出品
文章/白百何
主演
滕华涛
导演

郭敬明　四维世界

Guo Jing Ming

4岁时，郭敬明被确诊为败血病，从此，医院成了他的第二个家。因为身体弱，其他小男孩打打杀杀的游戏他从不参加，最多充当军师的角色。平日里最爱躲在家里看书，每次买书回来都要一口气读完。

从儿时起便开始的大量阅读让郭敬明的文字功底暗暗增长。2001年，他一举夺得“全国新概念作文大赛”一等奖，从此与写作结下不解之缘。

郭敬明一直是让父母特别骄傲的孩子，但他却自认为很叛逆，曾让父母很操心，做了很多荒唐事。

鲁　豫：我觉得你的形象挺酷的。

郭敬明：我不酷，我还觉得自己是那种好小孩的脸呢，不是那种很坏、看上去很叛逆的样子，不是吗？

鲁　豫：外表看似听话的小孩其实是最不听话的，你难道不是这样的吗？

郭敬明：好吧，我承认了。

鲁　豫：你怎么个叛逆法？

郭敬明：我挺皮的，初中阶段几乎每天早上起来都跟我爸吵一架。就早上洗脸、刷牙这五分钟的过程里，我就可以跟我爸一边刷牙一边吵，其实都是些鸡毛蒜皮的事情，但好像每天总有新鲜的东西可以吵，而且越吵越厉害。现在回想起来也觉得挺不可思议的。但是我妈就不

同，她从不跟我吵架，我觉得其实她更聪明。我妈只要一跟我顶上或者争论什么的，就会哭，扮软弱。我一看她不开心，就觉得良心过不去，立马跑过去说我错了。

鲁　豫：你们家应该挺民主的，一般爸爸如果看儿子这样吵，可能就动手了。

郭敬明：我记得小时候有一次因为我考了八十八分，他就去找了根棍子，削好，等着我回去打我。但那次其实是老师判错了，我是一百分的。

鲁　豫：你们这老师太不靠谱了，差十二分都能判错了。

郭敬明：看图说话题的图都有顺序，但没有编号，但是怎么看那个顺序都可以编成一篇文章来。当时老师就觉得我那种顺序不行，直接把作文的十二分扣掉了，我前面都是满分。我爸一看才考八十八分，之前我考九十九他都会说两句，所以完全不能接受这种事实。我那时候也很倔，回家一看这情况，就说如果你胆敢打我，我就怎么怎么样，我爸最后也没有下手。后来到了叛逆期的时候我更倔，大家在桌子上吃饭，他稍微拍一下我的头，我都可以三四天不理他，直到他来哄我，让我跟他说话才可以。

鲁　豫：通常在家里，小孩面对爸妈总是有三分敬畏，特别是儿子，总会怕父亲。

郭敬明：我还行，我不怕。

鲁　豫：我看你爸挺怕你的，是吧？

郭敬明：对，现在更怕了，一般都是我说了算。也不知道为什么，可能觉得有点依赖儿子了吧!

鲁　豫: 家长年纪大了以后慢慢就会依赖孩子。你在家里很有威信啊! 你是一个从小就特有主意的小孩吧?

郭敬明: 我看上去特别不倔，但其实特别大男子主义。

鲁　豫: 貌似怎么样的，内心一定不怎么样，永远和看上去正好相反。

郭敬明: 没错。

鲁　豫: 你是那种超级敏感的人吧?

郭敬明: 挺敏感的。

鲁　豫: 能敏感到什么程度?

郭敬明: 可能别人说话不是那个意思，但是我都会想，他会不会是在暗示我或者怎样。

鲁　豫: 你是双子座吧? 我也是双子座的。

郭敬明: 双子座是天下最聪明的。

鲁　豫: 我倒觉得人差不多。你有一方面超强，其他方面一定是弱的，总量都是差不多的。

郭敬明: 而且我还是 AB 型血。

鲁　豫: 我也是! 所以你的内心其实有四个人，因为双子座是两个人，AB 型血又是两个人。

郭敬明: 没错!

鲁　豫: 等于你内心有好多人在那儿挣扎和斗争。

郭敬明: 哇，等于我们现在是八个人在访谈，哈哈。

鲁　豫：这样的人超级敏感，挺容易想太多，我很少碰到一个跟我差不多的人。

郭敬明：还都这么瘦。

鲁　豫：整天内心琢磨这么多事，能不瘦吗？

郭敬明：是啊，相当于一个人吃饭四个人用，不瘦才怪！能量分散太快了。

2000年冬，郭敬明在偶然阅读《萌芽》杂志时发现，杂志上所登的文章自己也写得出。恰逢此时杂志登出举办第三届新概念作文大赛的通知，带着自信，郭敬明抽半小时便完成了题为《剧本》的文章，寄往上海参加初赛。“我不能保证我写得最好，但我能保证我写得和别人不一样，而且是别人从来都没看到过的形式。这里面，只要有一个理由成立，我就会成功进入总决赛。”一个月后，郭敬明收到去上海参加决赛的通知，他单枪匹马从自贡飞往上海，最终摘得大赛一等奖。

鲁　豫：你从小就意识到文字是你的特长吗？

郭敬明：我是到后来才意识到的，以前真不觉得。我上小学那会儿，班里向报社杂志投稿的人挺多的，因为我们语文老师挺爱鼓励学生投稿。

鲁　豫：你投的第一篇是什么？

郭敬明：一篇写我们学校体操比赛之类的文章，最后登在报纸中缝最下面，小小一截。其实我写了两三百字，他们删减成六十几个字登在新闻快报里。

鲁　豫：标题叫什么？报纸中缝一般不都是广告吗？

郭敬明：没有标题。《少年先锋报》哪儿来的广告呢，都是小新闻之类的。

鲁　豫：稿费是多少？

郭敬明：五块钱。小学二年级我觉得挺了不起的，买了好多吃的。但当时对我而言，钱的多少其实不重要，关键是一种荣誉感。你看到自己的名字变成铅字登在报纸上的感觉挺神奇的。

鲁　豫：那时候发现自己的文字也能够变成铅字，也会有读者，也许就会想，或许有一天自己也能够当作家。

高三的郭敬明再次参加第四届新概念作文大赛，并在初赛和决赛上双双获得一等奖。这让评委专家感到有点吃惊，能够在全国顶尖级中学生作文大赛中连续两次获一等奖并非易事。从此，郭敬明声名鹊起。

鲁　豫：你们学校的学生应该都知道你是谁吧？

郭敬明：到了高三才稍微知道一点，因为我高二才参加比赛。

鲁　豫：你觉得你的高三痛苦吗？

郭敬明：挺痛苦的，学习压力很大。我初中是年级第二名，高中是年级前十到二十那个区间，但越往上越不容易。我那时候其实稍微

努力点是可以上清华、北大的。

鲁　豫：你第一志愿是厦门大学是吧？

郭敬明：对，我报厦门，但是没有考上，去的第二志愿上海大学。其实我那年考得特别好，但是作文失误了。作文满分六十，我只有三十分。我以前每一次都是五十八九分，大家也不能理解，后来把那篇文章给老师看，老师也不能理解。当时估分，我觉得绝对是进了，还欢天喜地地到处玩。一查分，完全不能相信，后来查出来是作文出问题了。三十分的作文，今天成了一个作家。其实我觉得都是命，回过头去想，如果我当时考上了厦门，不一定有今天的这个郭敬明，有可能成为一个广告人，不会是今天这样子。

鲁　豫：生活你没法说如果怎么样啊！当时对你爸你妈打击大吗？

郭敬明：还行，他们觉得能去上海也挺好。

2002年，郭敬明开始了在上海的生活。就像他描写的那样：一座城市足以影响一个人的人生轨迹。这段时间是他人生观和价值观变化最剧烈的时期。对于刚上大学的郭敬明来说，起初的一切都太过繁华。太多的因素左右着他，改变他的视角，改变他的眼光。

鲁　豫：一到上海就有这个城市属于我的感觉吗？

郭敬明：一到上海觉得这个城市完全不属于我。

鲁　豫：可我觉得中国很多大城市，比如上海，包容感其实是挺强的。

郭敬明：当然，但你要有钱。

鲁　豫：小孩儿会有这种感觉吗？大人才会有那种失落吧？反正都是学生，周围的人也和自己一样，怎么会有那种感觉呢？

郭敬明：当你周围的同学永远在用最新款的手机，都穿名牌，你却用着最老土的手机，不能出去逛街，不能在餐厅吃饭，只能永远吃食堂的时候，你就会觉得这个城市不属于我。

鲁　豫：不过现在的大学生的确和我们当年不一样。

郭敬明：别说大学生，现在就连高中生都精得很。

鲁　豫：是不是因为你之前在家是很出类拔萃的，所以到上海之后会有一些落差？

郭敬明：其实我的家庭在我们那里算很好的，我穿的衣服、用的东西都是同学里最好的。但当我来到上海，突然变成最差的，你可以想象那个感觉。

鲁　豫：你们学校都是什么人啊？

郭敬明：上海大学是一所非常夸张的大学，95% 都是上海本地学生，而且大多是复旦考不上，家里又比较有钱的，就送到那里去。而且我念的影视编导专业，全部是上海本地人，学艺术的学生都是家里有钱的。整个班就我一个外地人，老师讲课也用上海话，我在下面完全听不懂。周围的同学每天用的手机都不一样，大概一个星期就会换一个手机，衣服从来不会穿重。可能我现在回过头去看不会觉得夸张，但是当年从一个小城市进入大学，真觉得挺夸张的。

鲁　豫：会有那种自卑感吗？

郭敬明：当然会有，而且完全融不进去。他们聊天都用上海话，除非你跟他说话，他会用普通话来回应。他们也不是故意，习惯了。

鲁　豫：那你都一个人独来独往吗？

郭敬明：我第一年就学会了上海话，刻意去学的。我能听得懂，如果硬要我讲，也可以勉强讲讲让你听得懂，但是本地人听肯定是不标准的。

鲁　豫：这时候快乐吗？

郭敬明：不太记得了，因为我对整个大学的记忆其实非常浅。

鲁　豫：你这时候也不怎么上课吧？都做什么呢？

郭敬明：睡觉、玩游戏、看书。也出去，虽然没那么多钱，但是也爱逛街，还跟朋友一起打牌。

鲁　豫：那你们学校还比较自由，你不上课也没太大的问题。

郭敬明：会被老师骂啊，扣学分啊，直接Down掉，第二年重修。

鲁　豫：你爸妈不管你呀？

郭敬明：不管，在上海他们根本管不到。他们听到的都是我说给他们的。我都说没事，很顺，我只拣好话讲，报喜不报忧。

鲁　豫：大学毕业证拿了吗？

郭敬明：还没呢，因为我真的没时间回去念书。不过那个毕业证也真的不重要了，我今天也不太可能会需要一个本科证去找工作。但我觉得那是一种体验，其实我本人还是很想念书的，可因为工作实在也没办法兼顾，也挺可惜的。

鲁　豫：当学生其实是很幸福的，因为你的生活会很单纯。

郭敬明：真的很幸福。大家都觉得高三很累、大学很累，其实你真正工作了才会觉得那时候好轻松。

鲁　豫：我觉得人生在某个阶段经历某些事情时，可能会觉得很痛苦，但等你跨过以后再回头去看，会发现当时生活是很单纯的。但我觉得人是这样的，你该做的事，早做晚做，最后都会回到这条路上来。你的人生目标应该就是写作吧？

郭敬明：对，我哪怕现在不写，可能大学毕业之后还是会写。如果你真的喜欢它，你就放不下。

鲁　豫：所以早晚有一天郭敬明还是会回到写作这条路上来。那你有没有想过有一天会自己开公司，当老板？

郭敬明：以前没想过。

2006年8月，郭敬明正式成立上海柯艾文化传播有限公司并任董事长，成为80后作家中的第一位老板，办公地点位于地价昂贵的上海大连路高档写字楼里。在博客里，郭敬明记录了这一转变给自己带来的新鲜感觉："每天早上，当我顶着一头爆炸黄毛，穿着牛仔裤、T恤，和一群西装革履的白领们一起挤电梯的时候，我心里真是充满了无比复杂的情绪。"

鲁　豫：你还挺有当老板的样子。

郭敬明：没有吧？我还是觉得像个小孩。

鲁　豫：但你讲话时那种状态还挺有老板样子的。

郭敬明：那还行。

鲁　豫：当老板很操心，你喜欢操心吗？

郭敬明：很多事情我都希望自己去做，别人做不放心，我还是想每个细节都兼顾到。

鲁　豫：其实做主持人也好、艺人也好、作家也好，都只要管好自己就行，别的事不用操心。但当老板完全不同，什么都得管。

郭敬明：大小事都得问你。

鲁　豫：这不好玩吧？好玩吗？

郭敬明：我觉得挺有成就感的。比如说杂志最后出版了，很多人喜欢，或者策划的项目运营得很成功，带来的成就感是很大的。

鲁　豫：你需要出去跟人谈生意吗？

郭敬明：需要。

鲁　豫：一般跟你谈生意的人都是什么样子？

郭敬明：四五十岁，大部分西装革履的。

鲁　豫：你的同事们管你叫老板还是什么？

郭敬明：叫小四，都是那些小孩。反倒是我的司机，一个五十多的老大爷，叫我郭总。

鲁　豫：他们这个年纪的人习惯于这样。因为你就是老板，让他叫你小四，他肯定张不开嘴。

在员工眼中，郭敬明这位年轻的老板是什么样的呢？

“他老是会半夜两三点想出好多点子，如果你在线，他会马上跟你说；要不在，就是第二天早晨起来会发现他留了好多好多言，跟你说我有一个什么什么样的新想法，什么细节要做什么样的修改，等等。常常会突然这样。”

“只要你有问题，他就会说得很严厉，绝对不会像朋友似的嘻嘻哈哈那种。他会直接告诉你，这个我一点都不喜欢，都不是我想要的东西，像一堆屎一样，马上给我重做，等等，没有任何余地。”

“我比较怕他跟我一起留下来加班，很怕他在我做一半的时候跳下来说这个我觉得要怎样怎样，我还没做完他就要参与到我的想法里面。”

鲁　豫：你是个厉害的老板吗？

郭敬明：有时候还挺严厉的，骂起人来会真的骂。

鲁　豫：把人骂哭过吗？

郭敬明：经常，男孩、女孩都有。

鲁　豫：你能把男孩骂哭啊？是你骂得好还是他们太脆弱？

郭敬明：我特别能把一件事情说得人家心里特难受，特爱找那种尖酸刻薄的话来讲。

鲁　豫：你把你的文字能力都运用到语言上去了。

郭敬明：我知道怎么说别人，别人最痛苦，这是我的一个天赋。

鲁　豫：太狠了！双子座的人性格就是这样。但有可能你说完人家以后，自己其实挺后悔的。

郭敬明：我不会。比如我现在把你说哭了，然后我去喝杯咖啡，

一会儿回来就说："走，逛街去不？"通常别人完全转换不过来，觉得你刚刚不是把我骂哭了吗？现在叫我去逛街？但我就是那种事情过了，永远不会再记得的人。

鲁　豫：我要是你，骂完人家肯定会觉得，哎呀，我把他骂了，自己特别过意不去，会过去说对不起之类的。

郭敬明：我只会对我妈这样，唯一一个，其他人都不会。

郭敬明从未把作家和商人对立起来，他认为只要书籍还摆在书店里一天，只要书本背后依然标注定价一天，作品就依然是商品。商品只有被购买了，才具有价值。郭敬明的目标不仅是成为优秀作家，还是成为优秀出版人、优秀商人。通过写作，郭敬明开始过上体面的生活。而他的杂志《最小说》不仅打响了自己的牌子，也为一大批优秀的青春写手创造了捷径与平台。"我愿意去培养很多作家，除了郭敬明，还有很多其他人非常优秀，需要一个平台来让他们发光。"郭敬明这样说。

鲁　豫：我觉得成功永远没有偶然，成功没有捷径，你觉得你够努力吗？

郭敬明：我觉得我挺辛苦的。在作家里面，我算最辛苦的，其他作家不用天天上通告吧？我还要挤这么多时间来上通告。我白天运营公司，晚上回家还要写，其他的时间还要做其他的事，所以我玩的时间很少，或者说私人时间很少。

鲁　豫：你写得快吗？

郭敬明：非常快，最多一天能写三四万字吧。

鲁　豫：我一天能写一两千字就已经很不得了了，因为我总需要琢磨。你是只要思路来了，坐下来就可以不停地写。你写作时是什么状态？

郭敬明：我是那种不到最后截稿 Deadline 绝对不写的人。比如我今天在录节目，明天杂志要出菲林（胶片）印刷，上面还空了大概四十八页的天窗，两个连载，大概两万字，我还挺悠闲的。

鲁　豫：我要是你的话会急疯的，所以你真是不到最后关头绝对不写。

郭敬明：对，我就是看见棺材都不落泪，直到真的躺进去，最后一个钉子要钉下去了，我才会说停。

鲁　豫：因为你知道自己不管怎样都能够以很高的质量写出那两万字来，所以你不害怕。

郭敬明：我觉得变成一种职业技能了。别人看我们觉得很了不起，但对我们来说就像穿衣服、喝水那种感觉。

郭敬明曾希望成为童话里永远长不大的彼得·潘。在他的笔下，青春是一道明媚的忧伤，他的文字充满着疼痛、寂寞、孤单、微笑、快乐。他是一个寂寞时会抬头仰望天空的孩子，拥有坐井观天的幸福。

鲁　豫：现在晚上你站在窗户旁边，看到外面都是灯光，想到当年刚来这座城市时完全无法融进去，现在却已经是城市的一分子了，

那种感觉特别好吧？

郭敬明：对，特别强烈，生活方式一直都在改变。我通过这几年的努力，还算挺成功的，现在生活也过得很好，会觉得辛苦是值得的。

郭敬明经常在文字中提及父母，字里行间充满幸福和感激："他们是全天下最好的父母，我也在做一个全天下最好的儿子。我从小就体弱多病，两岁到四岁一直是在医院度过的。因为我的这种身体状况，父母已经有权利可以再要一个孩子，但他们没有这样做。"事实上，郭敬明的妈妈当年不但放弃了要第二胎的想法，还放弃了自己工作上的每一次升迁机会，全心把他抚养长大。在郭敬明心中，报答父母是他最愿意做的事情。

鲁　豫：你算是个挺孝顺、挺顾家的孩子吧？

郭敬明：我特别孝顺。我觉得爸妈想要什么，我都会给他们。

鲁　豫：真看不出来你妈妈五十多岁了，保养得真挺好的。

郭敬明：我开始美容护肤都是拜我妈所赐。以前我妈会约我一起染头，跟我老师说我发烧了，其实是两个人一起染头发去了。

鲁　豫：你和你妈都挑什么颜色？

郭敬明：差不多吧。她会跟我说你这颜色挺好看的，或者我看她染了一个，她说我也可以染这个颜色。我妈看上去特别年轻，整个心态和外表根本看不出来是五十岁的。她现在是酒红色的大波浪头发，如果扎起来再化上妆，我觉得跟蔡依林一样。

鲁　豫：那你爸的造型呢，像周杰伦一样？

郭敬明： 我爸爸是做化学工业的，特别朴实，是放到人堆里找不到的那种。

鲁　豫： 那你性格像爸爸还是妈妈？

郭敬明： 我像妈妈多一点，比较活泼。

鲁　豫： 他们会关注你的新闻吗？

郭敬明： 他们每天都看，我爸天天挂在网上，没事就搜我的新闻。

鲁　豫： 你爸妈看到好的可能会高兴，但是看到不好的也不懂什么真真假假的。

郭敬明： 到后面他们就习惯了，知道有些新闻是假的，所以不介意。开始的时候很受不了，我妈总因为新闻哭。

鲁　豫： 你以什么样的方式来表达你的孝顺？

郭敬明： 最直接的就是给钱吧，因为我离他们那么远，你说能做些什么呢？

鲁　豫： 其实人有时候赚钱的成就感就在这儿，能够改善家里人的生活。

郭敬明： 我觉得让他们过得幸福是最重要的，哪怕你觉得这种东西很庸俗，我觉得人这一辈子就是很庸俗的。很多人会说“好物质啊”，但是我就是希望我爸妈过得物质，哪怕庸俗了也没关系，这是我心里的想法。

鲁　豫： 自己辛苦赚来的钱，能够帮爸妈改善生活，我觉得是挺了不起的一件事。

郭敬明： 对，我不希望我妈穿不好看的衣服，用不好看的包包，又不能吃好吃的，出门还要挤公车。我赚钱就是要让他们过得好。

鲁　豫：爸妈一般不会当面夸你，说“儿子你做得真棒”，但内心那种骄傲的感觉你能体会到吗？

郭敬明：我爸妈经常当面夸我，尤其是我妈。他们永远觉得自己生了一个天下最好的儿子，永远都说“你真棒”、“这件事情做得真好”、“这件衣服真好看”。我也老这样说我妈，比如“妈，你今天真漂亮，你真的不像五十”。听起来这个家庭好虚伪啊！我和我妈最常见的戏码就是，我说：“妈，你真美！”我妈说：“哇，你真帅，这件衣服真好！”或者我们俩去买衣服的时候，我说：“妈，你穿这个真好看，太适合你了！”我妈反过来就说：“这个包真适合你，就是这样提！”

鲁　豫：你们家挺神奇的，我觉得很好，互相鼓励。

作为青春文学的掌门人，郭敬明创作了很多爱情故事，很多细腻而美丽的爱情故事。但这些爱情并不完美，甚至有些阴暗。他曾说：“创造这些阴暗的东西是为了让人们反过来更加珍惜现在的幸福生活。”

鲁　豫：你现在一个人生活，还像以前那样不太会照顾自己吗？

郭敬明：现在助理照顾我，他们什么都管，连我吃维生素药片也管。如果他们不管的话，我会忘记吃。因为等我想起来饿了的时候，外面已经没有吃的卖了。我冰箱里永远只有冰淇淋和可乐，如果他们不帮我买的话，我就会饿死。我忙起来就没有饿的感觉，而且一点都不容易饿，我几乎一天只吃一顿，就是晚饭那一顿。

鲁　豫：那你靠什么活着？

郭敬明：光合作用，哈哈！但我也喝蛋白粉什么的，每天还定时补充维生素。

鲁　豫：那你还是很注意保养自己的。

郭敬明：对，但我的保养仅仅在于保持年轻方面，健康方面我不太关注。

鲁　豫：你家里很整洁还是很乱？

郭敬明：我家里很整洁，但那是保姆的功劳，跟我没关系，我自己会丢得到处都是。我从进家门一开始，先丢包，再脱衣服，然后脱裤子，接着鞋子，走到地毯基本已经全部脱了，我在家里不爱穿衣服。

鲁　豫：那你家保姆不会被吓着啊？

郭敬明：我保姆是我一个同事的亲阿姨，把我当儿子看。一开始我还有点介意，后来就无所谓了，反正我走来走去她也习惯了。

鲁　豫：你爸妈会关心你的生活状况吗？

郭敬明：我妈听上去漫不经心，实际急得要死，说："哎呀，你今天一个人吃饭啊？应该找个人做饭给你吃啊！"或者说："你二十五六也不小了。"她也不会强迫你怎样，但是会不断地旁敲侧击。然后我就跟我妈说："你再聊这个话题，春节我不回来了。"其实这事没办法计划，碰到了就碰到了，没碰到就没碰到。而且你说郭敬明去相亲，多怪呀！

鲁　豫：你喜欢什么样的呢？

郭敬明：我特别不能容忍在一起没话聊。我希望我喜欢的东西你也喜欢，大家聊得来，平时一起玩。或者我看到一本书，正好你也感兴趣，希望有话题可以分享。而不是说虽然你很漂亮，但我跟你讲三句，你回我一句，什么都聊不来的那种我就受不了。

鲁　豫：但我觉得她不能太忙，你已经很忙了。

郭敬明：没关系，我希望她忙一点，太闲就会太黏我，我受不了。我想你的时候，我就要一定找得到你，但是我不想你的时候，你最好别找我。比如我现在想她，发短信问她："你在干吗呀？"她超过三分钟不回，我的火就上来了。如果超过十分钟不回，我电话就会打过去，说："你在干吗？怎么不回我消息呀？"如果她说睡着了，我就会说："那你手机开大一点、开响一些啊！或者握着睡呀！"如果打过去没有人接，那我就更火大，会一直打，打到找到为止。

鲁　豫：这事我也做过，一直打电话。但是短信三分钟太长了，短信就是应该立刻就有反应的，不然拿手机干吗？这才是双子座呢！

郭敬明：但要是针对自己就不行了。我收到短信会先放一边，等空下来才回。有时候我其实已经到家了，躺在那儿看书，她发一个短信来，我就会说在加班，回家电话聊。

鲁　豫：所以你一定不能找双子座的女孩，两个人都这样会很可怕的。

郭敬明：我觉得她应该是独立的，但有时候也是黏人的，两个极端都不行。

鲁　豫：你挺难伺候的，你不觉得吗？

郭敬明：我特难伺候，这要问我的助理，听到的都是血泪史，哈哈!

鲁　豫: 我爸说过一句话特别经典——好养活难伺候。

郭敬明: 没错，我尤其如此。

2008年，一张作家富豪排行榜将郭敬明推到人前。他已经成为最畅销的小说作者，福布斯名人榜最小的进榜者，还被《纽约时报》评价为中国最成功的作家之一，在国内被称为“出版界的周杰伦”。

鲁　豫: 回想你的人生，才二十几年，经历真的挺充实了。

郭敬明: 太充实了，我觉得充实过头了。

鲁　豫: 不会过头，人生就是应该这样丰富才有意思的。

郭敬明: 我们的生命很有限，我觉得就是要在尽量短的时间里使劲地做你想做的事情，这样才好玩，才有成就感。

2009年，郭敬明再次登上福布斯中国名人榜。他说：“我想我的出现改变了大家对作家的一些看法。之前作家只是文化圈小范围的一个概念，但是现在作家得到了更大范围的关注。国内对文化和作家的关注在上升，包含财富方面。随着出版的产业化，随着作家受到更多的关注，新一代有才华的作家中，将会有更多的人被社会认可，登上各个领奖台，登上福布斯。”

2002年，郭敬明出版了他的第一部文学作品《爱与痛的边缘》。2003年，因小说《幻城》，他被人们熟知和关注。2008年至2012年，他陆续出版《小时代》“三部曲”。2013年6月27日，由郭敬明自编自导的同名电影《小时代》问世，并因此获得第16届上海国际电影节中国新片“最佳新人导演”奖。

《小时代》（郭敬明著）：“这是一个梦想闪耀的时代，这也是一个理想冷却的时代；这是最坏的时代，这也是最好的时代，这是我们的小时代。这是当下时代一群时尚年轻人的青春故事，也是属于他们生活的真实写照，更是我们这个时代的一个缩影。”

韩寒 独唱团

Han Han

他是80后的代表；他是畅销书作家；他是职业赛车手；他的博客点击率已经过亿。他就是韩寒。

在很多人的印象中，赛车是拉风的事情，他们很希望能在现实中看到电影般的漂移、甩尾镜头。但实际上，赛场最常见到的只是飞驰而过的赛车扬起的能持续两分钟以上的尘土。相比观众们的失望，参加比赛的车手更要面对比赛的枯燥、意外情况的无奈等现实问题，韩寒也不例外。

鲁　豫：你作为赛车手，成绩挺不错的。

韩　寒：有一次在我老家比赛，有一个失误浪费了二十秒。那次拉力赛在野外进行，不是正规的赛道。在一个刹车点的时候应该进去的，我却直接冲到观众群里了，一抬头，发现是我爸，他正在看比赛，一副你在干什么的表情。我就很不好意思，因为家人来看我比赛嘛，我却在他们面前失误了，很不好。

鲁　豫：你失误别人能看出来吗？

韩　寒：能看出来，这肯定是失误，因为我还得倒车嘛。

鲁　豫：你开得好的时候，旁边的人欢呼其实你是听不见的对吧？

韩　寒：对，因为戴着头盔、面罩，车里声音很大，所以只有下车和翻车的时候才能听到观众的欢呼，尤其是翻车的时候，欢呼声特别大。因为国外很多比赛都是车迷来看，国内很多都是凑热闹的，他们当然想看事故了。

鲁　豫：不会这么不善良的。

韩　寒：他们也不是不善良，因为我们的赛车很结实，翻车也不会有什么问题，如果是我看的话，看到翻车也很高兴的，哈哈。所以一翻车，在空中就可以看到周围的人都在鼓掌、欢呼、拍照。

鲁　豫：那在里面不会摔疼了吗？

韩　寒：不会，因为我们的安全带是六点式的，还有汉斯的系统，防滚架、头盔什么的都有，没有问题。

鲁　豫：是不是几乎每个男孩都喜欢开车？

韩　寒：对，我很小的时候就喜欢。很早的时候，我坐过一个叫刘斌的车手的车，那是我第一次觉得，太快了，车还能这样开啊？如果我这样开车的话，那岂不是太爽了？我当时的梦想就是这辈子能够开得跟他差不多，我就很高兴了。

鲁　豫：你现在跟他差不多了吗？

韩　寒：很快就赶上了，然后就比他快了。

鲁　豫：你平常开车也很快吗？

韩　寒：平时不快，跟限速差不多，但有时候会稍微比限速快一点点而已，那是因为限速限得太慢了。因为很多地方很不合理嘛，进入厂区或者学校，只给一个五公里的限速，可是我水平很有限，一抬离合器车就已经时速十公里了，基本上开每辆车都是这样，所以我实在开不了那个五公里的限速。

鲁　豫：你被警察罚过吗？

韩　寒：有过，但不是因为超速。有的时候因为问路，问完路警察说你怎么穿拖鞋？我说这个拖鞋是我出来时候穿的，其实我是赤脚开的，赤脚就不能罚嘛。其实我在街上还是开得挺慢的，因为作为一个车手，在街上出点事也不大好听。最关键的是你在街上开快车，你也很紧张；在用自己的技术，也没有人付给你工资和奖金。

队友评价韩寒的赛车技术说：“他控车能力好，打着哈欠都能开出很快的速度；对车的判断也非常准，开车很有想法，会用N种方法过同一个弯道。而在紧张的比赛过程中，他也常和领航聊天、开玩笑。”

鲁　豫：你跟领航员聊什么呢?

韩　寒：个人感情啊，国家大事啊，看见风景之类的都会说一些。

鲁　豫：真的假的？我以为开车过程中精神得高度集中，一直看着前面。

韩　寒：我是看着前面的路聊天的，我还没到看着领航员的脸聊天的境界。

鲁　豫：听说在你本命年的时候，里面穿了件红色的衣服。

韩　寒：那也是听信了人家的老话，说本命年一定要穿红色。

鲁　豫：后来给你带来好运了吗?

韩　寒：没有，没什么好运，而且褪色褪得一塌糊涂。

鲁　豫：你买的什么质量的衣服?

韩　寒：比较便宜嘛。反正当时也没想着要买品牌的内裤，就随便在街上买了两条那种不是很贵的红色内裤。因为我不喜欢红色的衣服，而且我们车队赞助商有要求，穿在外面也不合适……所以说，内裤还是应该要买贵一点。

鲁　豫：有一次我看你做一个节目，把我乐坏了。你在上海买第一辆车的时候，有捷达、桑塔纳、富康三种车可以选择。好像上海的出租车就是桑塔纳，所以不能买，就决定买个富康；买了富康以后，特别兴奋地开到北京改装，结果发现原来北京的出租车是富康。你买的什么颜色的北京出租车？

韩　寒：我买的时候是白色的，后来自己喷成了亚光的黑色，就开到北京来了。

鲁　豫：那个车你改装得酷吗？

韩　寒：唉，别提了，装了一些乱七八糟、华而不实的东西，花了好多钱，没改装之前还快点，改装了之后就更慢了。

鲁　豫：你没想过把那个车顶锯掉，弄成一个敞篷之类的？

韩　寒：我一个朋友和你想法一样，想改了试试，但后来没能成功。因为有两个实质性的因素要考虑，一是下雨的时候排水排不出去，二是开门的时候有问题，因为要求车门要像双门跑车一样，必须得是两个门，但他那个车是四个门，如果改成双门敞篷车，就要把另外两个门焊起来，那这个门一开就得有两米长，很不合适。

鲁　豫：你再改一下，我看到过一辆兰博基尼的跑车，他的两个门是往上开的，很酷。

韩　寒：当时我们不具备这个技术嘛，我们只能往旁边开，显然就太长了。

鲁　豫：那个时候就想着要开赛车了吗？

韩　寒：其实从小就想，一有机会就会想，而且那时候刚刚出书，赚了点版税。别人那个时候正在上海炒房什么的，大家都劝我买房子，我就全用来参加比赛了。那时候我对车的改装和对比赛的要求会根据版税的不同而有所改变。我最早买车的时候只想买摩托车，后来编辑部给我打电话说《三重门》卖得不错，又加印了三万本，然后我想版税又多了三万，那就再买好点的摩托车吧。再下一周又给我打电话，说又加印了三万本，我想这可以买个二手的轿车了，所以每个星期购车的目标都在改变。

鲁　豫：《三重门》最后不是卖了两百多万本吗？

韩　寒：那都是后来的事了。当时挺急，就想买一个北京2020吉普车，我当时最喜欢那个车，没敢看价钱，琢磨着这车得二三十万，就没敢去买。后来好不容易版税够了，就背着一书包的钱去买。我一问销售这车多少钱，他说四万，然后我想，怎么才四万块钱？是不是不行啊？后来就没买。

鲁　豫：如果他当时说这车二十万，你就买了吧？

韩　寒：对，估计是。我当时真的很喜欢车，除了第一辆车以外，后面的都是赛车，一开始都是自己投入的。

鲁　豫：赛车开起来很贵吧？

韩　寒：对，一开始的确是，但好在现在也可以通过这个赚一点钱。

2005年，韩寒加入中国实力最强的车队——上海大众333车队，

他的赛车生涯也从个人主义阶段过渡到集体主义阶段，并在2005年和2007年，夺得全国汽车场地赛1600CC年度总冠军。在比赛的间隙，韩寒出了十几本书，接连不断的创作又让他跻身畅销书作家的行列。

鲁 豫：说到你的书，我还买过两本书，《三重门》和《毒》，我还不错吧？我想很多人知道你是从你参加全国范围的第一届“新概念”作文大赛开始的。

1999年，上海《萌芽》杂志社与北京大学等七所高校联合举办全国中学生首届“新概念”作文大赛，韩寒参赛，并以《杯中窥人》荣获一等奖。随后韩寒出版二十一万字的长篇小说《三重门》，引起巨大轰动。

然而，与此同时，17岁即在文坛创下骄人成绩的韩寒同学，也创造了学习成绩节节下降的记录。七门功课不及格，按规定应留级重读高一，但不久韩寒却办理了休学手续，并拒绝了名校免试入学的邀请。这个极端的少年引发了“韩寒现象”，全社会的关注和讨论开始把“叛逆”等标签贴到韩寒身上，而同龄人则奉韩寒为偶像。

鲁 豫：听说你球踢得不错，你是踢什么位置的？

韩 寒：各种各样的位置。我在初中的时候当门将，我们班拿了班级联赛的第一，我也拿了最佳门将，但是其实我想踢别的位置，所以我也不好好守门，经常就听见解说讲：“对方门将越位了！”经常会有这种事情发生。

鲁　豫：他们说你长跑特别好，你都跑多少米的？

韩　寒：我跑八百以上都行，八百、一千五、三千、八千，或者更长。

鲁　豫：我就特别不明白跑长跑的人，跑的时候你在想什么？

韩　寒：构思啊！小说就这么想出来的。其实这也是无意之间得来的一个特长，我以前也不知道我长跑这么厉害。

鲁　豫：你如果受专业训练的话，估计能跑到国家队吗？

韩　寒：我觉得应该可以，我是认真的。

鲁　豫：拿到的最好成绩是什么？

韩　寒：我还没参加市里面的比赛就退学了，但是参加区里面和运动队的比赛基本上都可以跑第一名。而且我从来不训练，因为训练很累嘛！我跟老师说："人的体力就那么点，训练的时候用掉了，比赛的时候就跑不快了。"当时我还特地训练了一次，然后比赛的时候就故意拿了个第二。

鲁　豫：你想拿第几就拿第几啊？

韩　寒：当时是这样。最早在学校的时候，我跑八百米，两圈之后就已经和同学们开始庆祝了，那是我第一次参加比赛，也创了我们学校的纪录。

鲁　豫：你就是松江中学的博尔特啊！

韩　寒：最逗的是，庆祝的时候，我同学拍着我的肩说："哥们儿，你太牛了！我从来不知道你原来还能跑长跑！可是你还有一圈呢！"因为我们学校的跑道是二百五十米，我就说："你早说啊！"那时候队伍都已经到我前面去了，我又追上去跑了一圈，最后不光赢了，还破了校纪录六秒。这个我没吹牛，因为那么多人都看着。从那以后我就踏上了长跑这条道路。第二次长跑是区里三千米的迎春长跑，赢了以后中考可以加八分。我特别想赢这个比赛，因为我女朋友当时要被保送去市重点，我的成绩不行，就想要那个加分。那是街道赛，有警察开着摩托车引路，我一直跑在第一，结果那警察开着开着就对我说："哥们儿，不好意思，我开错路了。"然后又折回来，等于我比人家多跑了两三百米，可最后还是拿了第一。所以我觉得我长跑应该还是有一些天赋的。

鲁　豫：你要是一直好好训练的话，北京奥运会你不就赶上了吗？

韩　寒：是啊，说不定刘翔不行的时候我正好顶上来，哈哈。但是我不喜欢长跑，我觉得长跑不好看，你看电视，慢动作回放时运动员跑步那些很狰狞的表情。我更喜欢将人类力量有所延伸的运动，比如说赛车。所以能不跑我就不跑，当年我连跑鞋都没有。那会儿钱不够，我是寄宿的，我爸一个月给我四百块零花钱，包含吃饭、坐车，我大概攒了一个季度，终于可以买双鞋了。到商店里前思后想还是买了双篮球鞋，虽然我不喜欢打篮球，但那时候放《灌篮高手》。所以我后来都是穿着篮球鞋跑长跑，动静特别大。

鲁　豫：你在你们学校是那种很出风头的男生是吧？

韩　寒：个别方面还可以，但进了高中以后成绩不大好。

鲁　豫：但是你体育好，作文写得也好，这样的男生应该是很受欢迎的。你跟人打过架吗？

韩　寒：打过，其实我记得最深的是有一次没打架，但很窝囊。我们体育课安排了羽毛球项目，男女对打，我正好和另外一个男生的女朋友打羽毛球，我没做什么过激的行为。后来我从食堂端着饭回寝室，突然被人从后边踹了一脚，我以为那哥们儿是跟我打招呼呢，因为我的饭都没翻，还捧在手里。我说哥们儿你太重了，然后他又踹了我一脚，我才明白原来他是揍我。我左思右想，还是没有还手，因为我们学校有规定，只要动手打架就开除。后来他被开除了，我还在，因为我只想跟我当时的女朋友在学校里多留一会儿，不想被开除。现在想想真是后悔，可是再也找不到他去踹了。

鲁　豫：你那会儿最喜欢和最不喜欢的课程是什么？应该最喜欢语文吧？

韩　寒：一般，但是语文老师对我比较好。数理化的都不喜欢，背的不喜欢，政治课也很无聊，不知道它存在有什么意思，音乐课、劳技课都一般。

鲁　豫：你的字写得很漂亮，是怎么练的？

韩　寒：其实没怎么练过。小学写得不好看，到了初中要开始写情书了，所谓字如其人，我就想字一定要写得好看一点，就稍微花了点功夫，模仿了一下我爸爸的字，因为我爸爸的字写得挺漂亮的。可能因为模仿的是父亲的字，血缘上面有一些相通，所以练得比较快。

韩寒从小就表现出写作方面的天赋，初中时就在《少年文艺》等刊物上发表过零星的文章。但七门功课不及格，还是让他失去了做学生的机会，走上了一条和同龄人不一样的道路。

鲁　豫：其实当作家不一定非得不上学啊！你可以一边上学一边写东西。

韩　寒：当时我觉得也可以，但是事实是不可以，考试考得太差了。大家都说韩寒你挺聪明的，我自己也把这话当真了，我真以为自己挺聪明的。我想高中的数学事先都不用学，考试前两个星期补一补说不定就可以及格，但是我发现数学越是往高了学，越不是小学初中时那么回事。我当时数学只能考二十多分，花了两个星期补都还没考满三十分，实在是不行啊！

鲁　豫：你只要坚持到高二，分了文理班就会好很多。

韩　寒：坚持不住了，留级了。其实当时我只差一门，这门及格我就可以进高二了，那门就是劳技。我还专门去找劳技老师，说了生平好多好多违心的话，比如你再给我一次机会我一定怎样怎样，老师说要考虑考虑，我觉得应该有戏，谁知道结果还是没让我及格。所以我同学们都变成高二了，我依旧留在高一。

鲁　豫：其实那时候做学生总会有些无奈的，你或者有其他的特长，但是在某一个阶段以前，你必须得接受通才教育，的确很无奈。

韩　寒：当时所有的老师都劝我不能偏科，要各方面都平衡发展才是好学生，但是我真的觉得我各方面都还可以。其实我真的是个好学生，只是没有给我做学生的机会。

鲁　豫：我觉得你爸妈挺好的，他们允许你按照自己的方式成长。

韩　寒：他们也是被逼无奈。因为当时我跟他们说，只有两条路能走，一条就是学校勒令退学，还有一条是自己主动提出休学，休学有面子。当时学校已经做出了很大让步，说是特批休学，你可以在外面闯个一两年，如果不行再回学校上学也可以。当时我去办休学的时候，老师们问我以后靠什么过日子，我说就靠稿费啊！所有老师都笑了。后来跟我爸一起去找校长盖章，正好旁边有一个被派到香港留学的学生，老师就对他嘘寒问暖的，一直在关照和叮嘱，说了有一个多小时，我和我爸就很凄凉地坐在一边等着。我爸跟我说："没关系，既然已经出来了，以后就要努力，他们现在可以这么笑你一次，以后不要再让人家这样嘲笑你了！"

鲁　豫：你当时心里在想什么？有一天我出了书给你们看看？

韩　寒：当时还没有出书，《三重门》已经写了，但还没有地方愿意出版，所以心里还是挺没底的。当时体育老师也跟我说，你这么好的底子不训练，永远也拿不了国家第一，做不了国家一级运动员。但是现在我已经是国家一级运动员了，虽然不是通过长跑，但我还是做到了，所以我挺开心的。

鲁　豫：你有一点跟那个年龄的孩子不一样，你十六七岁的时候就有了非常明确的想法，自己以后要靠稿费来生活。

韩　寒：我也是没有办法，我除了做这个以外没有别的可以做了。我不能去街上跑步，然后人家给我钱；我字写得还可以，但也不能够出字帖；我摄影学了好几年，但是我又不喜欢给人家拍那种一定要人家站在一朵花边上的照片。所以，想来想去我只有干这一行了。我当时算了算，一千个字能拿一百块钱稿费的话，我每个月至少写多少个字可以不饿死，因为我不想花父母的钱。

鲁　豫：你那时候已经赚过稿费了吗？

韩　寒：赚过，我最大的一笔是给杂志投稿赚了五百块钱，终于可以去买双跑鞋，但是还没用就不能参加长跑比赛了。

鲁　豫：《三重门》出了以后，一个小孩突然有好多钱，而且是通过自己的聪明才智赚来的，那种感觉特别好吧？

韩　寒：所以从那之后，我内心深处一直不敢多想的东西又重新冒出来了，包括赛车。

鲁　豫：当时第一个念头就是赛车？

韩　寒：对，我买了一台车，基本上就把积蓄的版税都花光了。还买了台电脑，我们家是村里最早买电脑的，是台286，能打字，特别风光。但是时隔五年，别人都用Windows的时候，我用的还是286的DOS系统，所以又买了一台笔记本电脑。别的就没什么了，因为我对吃穿方面没有特别大的讲究，能够遮羞就可以了。

鲁　豫：一般成功的作家在写作的时候都有自己的习惯，比如我听说有的作家得在浴缸里写字，你有吗？

韩　寒：我没有。这就像车手的性格一样，因为有的时候客观条件没办法，你的车况不大好，给你什么样的车你就必须在这个车的能力范围之下发挥到最好。写东西其实没有那么多要求，但我旁边不能有人看，尤其是还在旁边指指点点那种，即便最亲的人也不行。

鲁　豫：你最多一天写多少字？

韩　寒：状态特别好的时候，六七千字是极限了，而且那天肯定很闲，什么事情都没有，只能写东西。

鲁　豫：写作是一个很累、很孤独的过程吗？

韩　寒：很多人觉得写作很累，是因为他们自己写得很差，自己都觉得写着很无聊，那当然很累。我自己觉得还可以，因为这个社会上很多工作都很累。我至少在家里面不用被太阳晒，不用被雨淋，在电脑前敲敲键盘就能赚钱。我觉得就不用很矫情地喊我很辛苦、我很累了。我很看不惯很多选秀明星说排练很辛苦、很累，谁不比你们辛苦？很多人都是在做重复性的劳动，而且的确很辛苦，我至少还在做一些创造性的事情，所以很多时候至少内心是很高兴的。你可能再累也就是打字的时候手累一点，或是一直坐着，叉腰肌有点累，别的没有很累的地方，真的。

近几年，韩寒最受世人关注的莫过于他的博客，他发表的很多文章都在互联网上引起了巨大波澜。媒体评价说，韩寒用他犀利的言语和特立独行的作风，赢得了许多的粉丝。同时他也引来了大量批评的声音。争议人物韩寒的一举一动，都受到社会各方面的关注，韩寒成了大众娱乐时代的一个独特符号。

韩　寒：有一个很现实的问题在里面，你作为一个写东西的人是不能够在博客上写太多东西的，因为你一个人能写的资源就那么点，你都写了以后就没办法再出书或者怎么样了，会受到很大的影响。

鲁　豫：上网的时候，你会去看你的消息和评论吗？

韩　寒：我会去看一些评论，包括博客上的评论，因为有很多读者也都在看博客嘛。我经常半夜更新，我其实也不想这么辛苦，让很多读者等这么晚，但是因为我有的时候在偷邻居的无线网络用，如果

太早了会被发现的，哈哈！

鲁　豫：有人问你每天怎么可以找到那么多话题来评论呢？通常什么样的话题你最爱评论？

韩　寒：因为我们这个国家无奇不有，所以我觉得有很多事情是可以去说的，作为一个写东西的人就应该写这些。要么写风花雪月，要么就写我博客上的那些文章，除此以外，可能只剩下去捧别人臭脚了。

鲁　豫：但是有很多事情写了以后，别人就会跟你争论。我就很怕去惹那些事，你不怕吗？

韩　寒：我是破罐子破摔。其实也没有办法，很多事情当然得有争议，而且有些人就是看你不顺眼，哪怕写一篇赞美他的文章，他也会骂你。既然没有办法，那就自己想说什么就说什么。

鲁　豫：我觉得你心态还不错。但要是看到你负面的文章，你会难受吗？

韩　寒：不至于哈哈大笑或很开心，但也不会难受到影响心情。

鲁　豫：之前有很多网友特别关心一个问题，怎样可以抢到你博客的沙发？

韩　寒：就一直等着呗，我也不大清楚怎么样能抢到沙发。有时候我会在更新之前把博客的主题歌换掉，有些人一听歌换了，就觉得要写文章了。但有时候我歌一换，网就断了，那就要等很长时间了。所以我觉得还是抱着看文章的心态，会更高兴一些。但是我也会尽量给读者争取一些福利，看看以后能有些奖品什么的。

鲁　豫：你有没有记住哪个粉丝？印象特别深刻的？

韩　寒：有很多读者。经常有读者来看我比赛，我也会记住他们的名字，有的时候还会点到他们博客里去看一看。

鲁　豫：我发现你的反对派写得都不太好玩，没有夸你的写得好玩，也就是说什么狂妄、自大、装酷之类的。

韩　寒：其实大家也可以发现，即便有时候在网上论战，很多反对派的人写得都很差，而且人也很笨，论战的时候真的是一点文采也没有，没意思。但话说回来，如果一直有人夸我，我也会很不好意思。我现在晒这么黑也是因为这样脸红看不出来。

鲁　豫：你平常在街上，会有粉丝把你拦住、请你签名、跟你合影什么的吗？

韩　寒：挺少的，因为我上街的时候，很少有人可以认出我，那种上街会引起轰动、交通堵塞的都太假了。

鲁　豫：有人喜欢你、认出你都是很正常的，就是怕遇到莫名其妙的。

韩　寒：我这个人有时候挺热心的，比如比完赛，谁一定要我们车队的一件衣服，说“等你们这个T恤等好久了，求求你给我件衣服吧”或是“我很喜欢你”什么什么的。我也不能把自己的衣服脱了给他，所以就去帮着再找一件，有时一找就找了半个小时，终于给他找了件衣服，签了个名给他，他也很高兴，然后问我：“你谁呀？”总会有一些类似的挺乌龙的事。还有一次拉力赛，我正在那儿签名，忽然闯进来一个人，奋力地挤进来，把所有人都扒拉开了，一看：“哦，不是林志颖啊！”反正各种各样的事情都有。很多人很热情，说好多同学都想要我的签名，我就一页一页给他们签。他拿了一个本子，我每签一个他就往后翻一页，签了翻，再签再翻，我也不好意思打断人家，那我就一直签呗！签着签着我有惯性了，自己翻一页再签。忽然之间他就阻止我，大喊说："你给我本子留几页！"其实我更加愿意和我真正的读者在一起。

鲁　豫：你看自己的东西，会觉得自己写得还不错吗？

韩　寒：嗯，会的，嘿嘿！或者经常看自己几年前写的东西，觉得"哎哟，写得真好，现在肯定写不出来了"之类的。

鲁　豫：我觉得当作家挺幸福的，自己在创造，跟画家一样的。

韩　寒：有时候真成名了，随便一画都能卖好多钱。而且还有一帮特傻的人，总会围着一幅画，拼命给你想，这画值这么多钱，到底好在哪儿。相对而言，写东西的人必须得很辛苦地写成一本书才行。其实如果还有的选择的话，当画家也可以，但我画得不好；摄影师也行，但是摄影师很多时候不能随心所欲，而且有的摄影师给喜欢的女孩子拍照片，拍着拍着就变成人体艺术写真了，画家有时候也会这样。这种我会觉得有些做作，我不喜欢利用职务之便来做事情。所以在这方面，很多时候写东西还相对比较纯粹一些。

一位队友这样评价韩寒："他很喜欢开玩笑，每次大家一起吃饭或是在一起开会之前总是要调侃很久，然后他能把大家逗得前仰后合的……他喜欢漂亮的女孩！"

鲁　豫：你喜欢什么类型的女孩？我总觉得男孩都喜欢那种大眼

睛、长头发的女孩。

韩　寒：其实我各种各样的都行。头发无所谓，不就是毛嘛。以前在初中的时候我就很讲究，一定要长头发，因此错失了很多机会。现在想明白了，头发是可以留的嘛，但有些东西是不能改变的。

鲁　豫：那你喜欢什么样性格的呢？

韩　寒：一定要懂事，带得出门的。比如我跟朋友在一起谈事，时间比较晚，千万不要在旁边给我脸色看。

鲁　豫：得是温柔型的？

韩　寒：要得体，不是说她的身体，是行为举止要感觉很妥当的那种，长得……

鲁　豫：长得要比较好看的那种吧？

韩　寒：合理的。人要很好，很善良，喜欢小动物，反正人品不坏就可以了，还能和我同甘苦、共患难。

鲁　豫：你属于那种大男子主义的人吗？

韩　寒：应该是有一些。因为我这个人基本上生活是不能自理的。

鲁　豫：衣来伸手、饭来张口型？

韩　寒：嗯嗯。

鲁　豫：你是完全不会做，还是只是不太勤快，不愿意做？

韩　寒：我是做不好，真的做不好。这些事情如果让我来做会出问题的。我吃我自己洗的苹果吃得中毒过，要不就是没洗干净，要不就洗完后放那儿，过一会儿拿了一个没洗的就吃了。我是很丢三落四的一个人，尤其在各种小事情上，生活细节上。我每次出门前都要念咒语："手机、眼镜、车钥匙，手机、眼镜、车钥匙，还有钱包。”一边念一边浑身掏一下，觉得齐了才能走。之前老丢东西，现在因为发明了这个咒语，已经很长时间没有丢东西了。其实我也会做饭，但做完就发现变成粥了。我也会煮方便面，经常煮得烂掉，我好像只会炒蛋。

鲁　豫：所以你的女朋友需要承担所有的家务活？

韩　寒：可能我觉得有些事情应该由女孩子来做吧，而且很多事情也不辛苦，当然太累的我不会让你做，可以交给保姆或是怎样。怎么说呢，可能我觉得有些就是我女朋友应该做的。

鲁　豫：人不能太全面，你某一方面表现出来能力比较强的话，一定有一方面是比较弱的。像你的生活能力就差一点，所以需要有个人跟在你后边帮你捡东西。

韩　寒：如果跟在我后面捡东西捡够一年的话，我估计怎么也能到白领的收入。我有一次从我老家的冬青树当中找到了五百块钱，那是我小时候的压岁钱。当时五百块钱对于我是一笔巨款，我怕爸妈来没收，就藏树里了，塞完自己就忘了。直到后来我爷爷修剪冬青树的时候，才发现树上长了五百块钱，我还得拼命向家人证明这钱是我的。

鲁　豫：听说你接手机老是说：“韩寒不在，我是他爸。”

韩　寒：对，以前是这样，因为我爸跟我的声音有点像。有时候看到陌生的号码，他们说找韩寒，然后我就问：“你有什么事吗？”因为万一是天大的好事，推掉了也不好。但如果是一个特别讨厌的事，我就说：“哦，韩寒不在，我是他爸爸。”然后电话那边还说：“叔叔你的声音真好听。”结果我一高兴，就说：“我爸的声音一直这样。”

结果就露馅儿了。还有的时候，我就装作是自己的助手。好多事情都一个人做可能的确会有点麻烦，但至少比较自由，我觉得这更重要。

成名后的韩寒一直不愿意离开他童年生活的地方——金山，尤其在经历了城市的喧嚣之后，他更渴望回归田园，珍惜和家人在一起的时光。

鲁　豫：你在你爸面前是什么样？

韩　寒：以前老容易起矛盾。我妈妈是一个很爱干净的人，我爸爸很有计划，也不会冒什么险，所以我有时候很怀疑我是不是他们生的，因为实在太不像了。我每次回家就会弄很乱，去哪儿哪儿乱，我妈妈就不高兴，我也不高兴。我妈还老爱整理东西，以前我爸写的稿子经常被我妈不小心扔掉，所以经常住在一起的时候就会因为这些原因起很多小纠纷。现在我每周回去一次，我妈见到我不容易，每次一见就很高兴。所以我建议经常跟父母有纠纷的孩子，最好的办法就是不要天天见父母，见得少一些，可能气氛会更好；但不是说不见，那就是不孝了。

有不少人问韩寒的父亲："韩寒是不是生于寒冷的冬天？"他说："韩寒生于1982年9月23日早晨，与寒冷和冬天无关。"事实上，韩寒的父亲年轻时也是位文学青年，"韩寒"这个名字则是他当时为自己取的笔名，后来由于舍不得丢掉这个他为之得意的名字，于是冒出了一个想法，把它作为一笔"财产"，送给自己的孩子。所以，在韩寒还没有出生的时候，他就叫韩寒了。

鲁　豫：你爸以前是文学青年，他可能把对文学的梦想都放在你身上了吧？

韩　寒：你确信采访的是我爸吗？

鲁　豫：我估计没错，是你爸爸自己写了发回来的。第一个问题是："您的儿子韩寒经常出门在外，他大约多久回一次家？送过最贴心的礼物是什么？"你爸爸说："韩寒回家的次数不确定，有空的话就三天两头经常回家，没空的话十天半月回来一次也有。老家是他小时候生活的地方，有他的爷爷、奶奶和儿时的玩伴，现在也是他玩耍的一个基地。他送的任何礼物我们都感到很贴心。"

鲁　豫：你都送过什么礼物？

韩　寒：挺多的，但是我觉得自吹自擂就不大好了，所以就不列举了。

鲁　豫：最长一次多长时间没回家？

韩　寒：十多天吧，连续在外两个星期的比赛，但会给家里打电话。

鲁　豫：第二个问题是："您的儿子韩寒在您面前是什么样子？和您是如何相处的？"你爸爸的回答是："儿子在我面前还是儿子的样子，我们的相处很和谐，正常人家的父子相处是个什么样子我们也是个什么样子。"现在我也开始怀疑这不是你爸写的了，太像官方语言了吧？

韩　寒：我爸以前是在党报工作的嘛！

鲁　豫：说话滴水不漏。第三个问题是："您的儿子韩寒在家里会不会为您做一些家务活？"你爸爸的回答是："在家不太会做家务。"

这倒比较真实。接着问：“韩寒做过最让您感动的事是什么？”你猜他会怎么回答？

韩　寒：估计会说每件事都很感动。

鲁　豫：他说：“最让我感动的是他的善良和孝心。善良是对所有人的，孝心是对家里人的，这是没接触过他的人体会不到的。”我敢肯定这是你爸写的了。第五个问题是：“您对韩寒的未来有什么样的期待？”你猜你爸会怎么说？

韩　寒：因为我从事比较危险的运动嘛，我父母肯定是希望我平安就可以了。

鲁　豫：太对了，你爸爸的回答是：“希望他平平安安，活得开心！”你是不是叮嘱过家里人，如果媒体来找的话，不能随便说话？

韩　寒：我没有叮嘱过父母，有媒体到我老家去采访我爷爷奶奶，就问：“你们为什么还住在乡下，为什么不到镇上去住？”因为老年人不太愿意离开熟悉的地方生活，我自己都住在老家。以前夏天的时候偷西瓜，现在不偷了，但可以钓钓虾，我还有两条狗也在老家养着，有一条叫木木，死了，还有一条，本来是宠物店里的，但是没人养，我就把它接回来了。所以回到老家的那种感觉特别好。

鲁　豫：其实我挺羡慕你的，家在郊区，有一大片田。跟田亲近的感觉其实特别好，生活在城里面的人感觉不到。

韩　寒：对，我不喜欢住在市里，我在市区都没有房子，最多住住酒店。其实在乡下比在城里开心多了，天天都是一级天。

鲁　豫：你在你们县是特别有名的人了吧？

韩　寒：在我们村和县上还行，他们可能在很多地方都听说过，但是因为我上电视比较少，或者说跟政府接触比较少，所以就没有什么应酬。

鲁　豫：通常中国的父母觉得孩子很骄傲，不会跟你说，但会跟别人夸，你爸妈呢？

韩　寒：我妈会当着我面说，我爸就相对内敛。比如赛车的时候，他们觉得你去玩玩就行了，但是如果拿了冠军，他们也会很开心。他们还会应朋友之邀让我在书上签名，然后送人。

2006年，车手韩寒、写手韩寒又具备了一个新的身份——歌手韩寒。他推出了首张个人专辑《十八禁》，还自己填写歌词，自导自演了几首歌曲的MV。

鲁　豫：你觉得你唱歌怎么样？

韩　寒：其实我不是很喜欢唱歌，我喜欢拍一些东西或者写词。我专辑里面很多词都是自己写的，MV也是自己导的。

“出名要趁早”，张爱玲的这句名言在韩寒身上得到了印证。许许多多年轻人以韩寒为偶像，希望像他一样少年有为。然而，韩寒自己却说：“不要学我，你让我重来，我都学不像自己。”

《零下一度》（韩寒著）：“真理往往是在少数人手里，而少数人必须服从多数人，到头来真理还是在多数人手里，人云亦云就是这样堆积起来的。”

《通稿2003》（韩寒著）：“痛恨一个人四年比喜欢一个人四年更加厉害。喜欢只是一种惯性，痛恨却需要不断地鞭策自己才行。”

韩寒发表的首部小说是一部反映上海初三学生生活的小说《三重门》。通过这部小说的发行，他一举成名。

留级后，他再次挂科七门，并最终退学。退学后陆续发表了散文集《零下一度》、《通稿2003》、《就这么漂来漂去》和《杂的文》；小说《像少年啦飞驰》、《长安乱》、《一座城池》、《光荣日》、《他的国》和《1988，我想和这个世界谈谈》等作品。

2003，韩寒开始职业赛车生涯，多次获得全国顶级职业锦标赛年度总冠军，是中国唯一一位拉力赛和场地赛双料年度冠军。

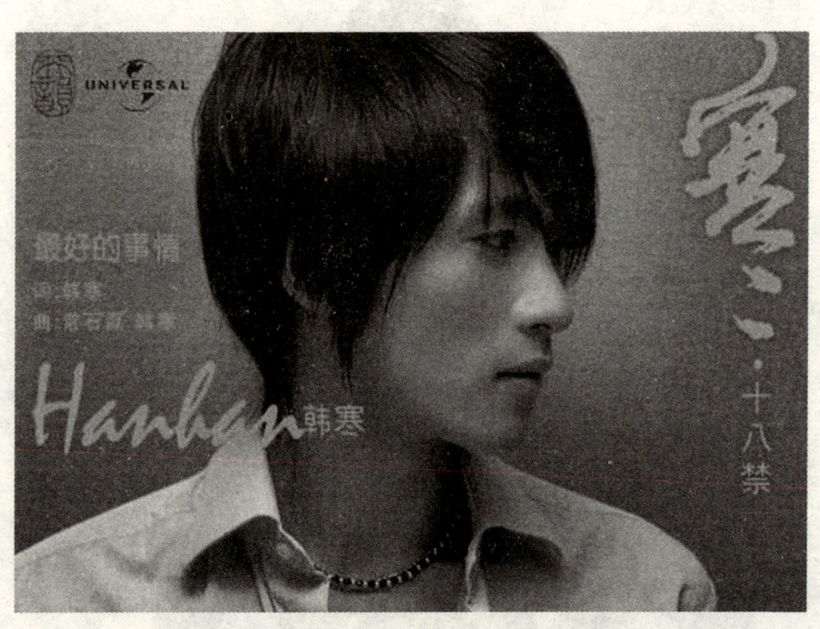
UNIVERSAL
Hanhan 韓寒
十八禁

蔡康永　不乖小王子

Cai Kang Yong

他是一个不随主流的边缘者，也是叛逆价值的主流人物；他可以牵动访客心底的那条线让人落泪，也可以即兴提问百无禁忌；他是近年最红的华人男主持，也是备受宠爱的豪门公子，更是贵族学校里的京剧明星；他被媒体称为感性与理性兼备的搞怪才子，被粉丝称作“不乖小王子”。他就是蔡康永。

台湾演艺圈两大盛事金钟奖与金马奖都曾经不约而同地找到蔡康永做金牌司仪；他在台湾主持的《真情指数》和《两代电力公司》双双获得台湾电视圈权威金钟奖；他和小S携手主持的《康熙来了》占据台湾晚间10点档综艺节目收视率榜首，更借助各种媒介风靡两岸三地。

鲁　豫：你现在在台湾做几档节目？

蔡康永：我现在手上是三个节目，时起时落的，多的时候大概五个。

鲁　豫：再多恐怕也不一定忙得过来了。那天我看一个资料介绍，你们录《康熙来了》，据说你们是一天录一个礼拜的节目？

蔡康永：《康熙来了》开始的时候是周一到周五每天要播一小时的节目，所以我们大概一天会录一个礼拜的量，会录五集或者六集。后来小S要照顾小孩了，所以我们现在就分成两天录，这样她就可以下午6点钟下班回去陪小孩了。

鲁　豫：电视制作方面是这样的，一般制作公司要压缩成本，一天录得越多成本平摊起来就会越便宜，所以制作方一般都希望越多越好。但是《鲁豫有约》我一天规定只录两集，多了我就觉得太累了，你们一天录五六集受得了吗？

蔡康永：有的时候我会跟小 S 在化妆室里面互相加油打气，不过我们加油不一定是因为累，有时候是因为来宾是很可怕的人，我们很害怕！

鲁　豫：你会怕来宾吗？我觉得来宾都怕你们。

蔡康永：我们也会怕来宾，尤其你刚刚提到那个《真情指数》的访问，来的常常是政界或者是商界地位非常高的人，而之前你并不知道那个人好不好沟通，心里没谱儿。比方说我访问过一些军事首长，你知道军人的气质是比较严谨的，所以不管你问他什么，他都只回答两个字或者一个字。比方说我问："作为一个警界的领导人物，你觉得最重要的素质是什么？"然后他说："服从！"这样就结束回答了。然后我再问："那你觉得最可怕的犯人是哪一种呢？"他说："少年犯！"这就又结束回答了。他的每个答案都这么短，而节目大概有一个小时的时间，所以就得不停地一直问问题。再比如说像《康熙来了》来的来宾，有的时候如果比较偏文化界或政治界，像陈文茜这样的人，小 S 就会不太熟，有的从来没有见过的人她就会有点焦虑，说："哎呀，我不知道要跟她聊什么！"一般这种时候我就会安慰她，说这集让我来。相反，如果来的是一个娱乐圈的偶像，我完全都不认得的那种，她就会安慰我，说让她来。所以我们两个就互相打气。如果录节目到很累的时候我们就会说："再熬过去，再录一集就 OK！"有时候来宾很无聊的话，我们两个就自己在那边找乐子，所以观众会发现《康熙来了》有的时候来宾坐在一边，我们两个主持人自己在另一边聊天，把那一个小时节目给聊完了。

1962年3月1日，蔡康永在台北出生，他的祖父曾经在上海经营上海自来水公司，父亲蔡天铎曾是上海的大律师，并且经营过当时中国最大的轮船公司中联轮船公司。对于将近60岁才得子的蔡天铎来说，蔡康永的出生无疑给这个家庭带来了无限的欢乐，蔡康永也在家人的宠爱下了解着社会和家庭往昔的兴衰故事。

鲁　豫：据说你现在接电话的习惯仍然是说："喂，你好，这里是蔡公馆！"

蔡康永：对，我们家有一些很好笑的老习惯留下来，而且是后来在台湾很少人用的。因为爸爸、妈妈是老派的上海家庭，他们后来移去台湾之后保留了一些上海人的习惯，跟台湾人是不一样的。比方说台湾有一段时间承袭日本人的生活习惯，地上是铺一种我们叫作榻榻米的草席，然后客人来了之后都会请他们把鞋子脱掉才能够在草席上行动。这个对台湾人来讲是比较习惯的生活方式，可是上海人不太请客人脱鞋。我不知道现在上海人怎么样，就爸爸那一辈的上海人来说是不太叫客人脱鞋子。像他们请客人来打麻将，我小时候看惯那些太太们都穿得非常好看，旗袍领子都是很高的、卡住脖子的那种，然后腰勒得很紧，这样整个人变成像葫芦一样丰乳肥臀的样子，那样的曲线很漂亮，然后一定要穿很漂亮的高跟鞋，这样整个人才挺得起来。如果你叫客人把高跟鞋脱掉，她整个就变成企鹅一样，气势就没了，所以我是从来没有见过我爸爸他们要叫客人脱鞋子的。但相反如果爸爸他们这些上海人到台湾朋友家里去做客，一被要求脱鞋就会觉得非常没派头，气势立刻就少了一点。

鲁　豫：你们家里面说上海话吗?

蔡康永：讲上海话。

鲁　豫：你也会讲一点?

蔡康永：我会讲一点点。其实爸爸的上海身份比较多偏浙江宁波人。因为听说当初其实是没有真正纯种的上海人的，都是很多外地或一般大城市的人，所以其实你要讲说哪个是真正的上海本地人哪个不是，很难讲的。

鲁　豫：所以从宁波那边过来的上海人也算上海人是不是?

蔡康永：对，可是宁波人讲话其实很大声，我小时候常常被我爸吓到。

鲁　豫：宁听苏州人吵架，不听宁波人讲话。

蔡康永：没错，我爸接电话我每次以为对面有人死掉了。因为他们宁波人打招呼很热情，一接起来就很大声说："喂！你好，你好！"然后我就想说："怎么样？有人过世吗？"所以一般到后来我们这辈儿就没有那种接过电话讲话大声的习惯了，可是爸爸他们觉得这样子还很有礼貌、足够热情。还有一点就是上海人喜欢抢付账，现在还有这嗜好。

鲁　豫：咱们中国人不都是这样吗？

蔡康永：可是他们上海人抢起来很火爆！就是那种你以为要打架的样子。每次等到要付账了，账单一拿过来，两个人就抓在手上说：“我来！我来！”我们小孩子都会被吓到！

鲁　豫：但其实那个账是往对方那儿推的？

蔡康永：有的时候会是这样。可是我不知道我爸爸怎么搞的，他那种上海人好像很讲派头。有一阵儿他在一个西餐厅有一点小小的股份，投资了一点点，然后他每天中午都去那边吃西餐。他每次走进去就跟每一桌的客人都点头打招呼，也几乎都是他的朋友。然后打过一轮招呼之后，他每一桌都请！所以他后来投资连一毛钱都收不回来，因为每天都请客请掉了！

鲁　豫：刚刚我说他是一个大家族里出来的人，我们都看过《泰坦尼克号》，台湾人叫“铁达尼号”。在1949年的时候，从上海到台湾也有一艘很大的客轮，当时也有好多逃难的，是吗？

蔡康永：算是。

鲁　豫：那艘客轮最后也沉了，最后船上大概只剩三十多个人是活下来的。后来我才知道那艘轮船是属于你家的。

蔡康永：是，我自己先前其实也不知道这事情，结果白先勇先生有一篇小说，叫作“最后的贵族”，后来拍成电影。《最后的贵族》讲的就是大陆的一个富家千金小姐，她爸爸妈妈都是驻外大使的那一种，后来流落到纽约去，变得非常地没落的一个故事。

鲁　豫：电影是潘虹演的？

蔡康永：对，挺多年以前的一部戏。那个大使，也就是她的爸爸妈妈，驻外大使这对夫妇在小说里是被安排在轮船上面遇难的。那个时候我在UCLA（美国加州大学洛杉矶分校）念电影，有一天就接到白先勇先生写的一封信，说他想要找人帮他编《最后的贵族》的电影剧本，然后就想找我去他住的芭芭拉那边去编这个剧本。他当时就找了这条轮船的相关资料出来给我看，是1949年，也就是他从事发当年报纸上面影印下来的很多资料，那是我第一次看到这条船的出事的始末。事实上，在家里头爸爸非常少提起，因为对他来讲，这次事故好像是他人生中一个不可承受的重担。第一，他觉得对不起他的很多亲朋好友，因为那时候那一艘船要从大陆开往台湾的时候，几乎是一票难求的程度，很多亲朋好友都动用了极大的关系来要求把他们挤上船去获得一个位子。所以当中肯定就有很多是我父亲真正很要好的朋友，还有的好朋友带了自己年纪很大的长辈上船去，结果船沉了，很难跟这些好朋友交代。

鲁　豫：那艘船上死了多少人?

蔡康永：我其实不知道。因为好像爸爸有点把这件事情从他的回忆当中封闭住了，又因为这件事距离我出生的年代很遥远了，所以他就没有跟我提过这件事情。只是偶尔我在我家里会发现一些只有轮船上才会用到的东西，比如说有一把我们家打麻将用的皮椅子，我觉得很喜欢，因为坐起来很舒服，又有扶手，结果他就跟我说是船上拿下来的，是蒋介石坐的。当时我就会觉得很有意思，可是又不太明白怎么家里会有船上的东西，后来才知道这条船是爸爸的，椅子就是那船上拿下来的东西。当时因为那条船出事之后，法律上一定要好好地赔偿这些遇难者，所以爸爸的所有轮船统统都被锁在高雄港了，要等到赔偿完毕才能够放行，可是等到赔偿完毕的时候所有的船都生锈毁掉了，所以爸爸的轮船事业就一落千丈，再也没有好起来。

鲁　豫：家里没有为此破产吗？

蔡康永：几乎破产，他后来就改做律师了，因为爸爸是复旦大学法律系毕业的，所以后来就在台湾当律师了。可是我没有看过他好好地出庭打官司，就是整天都在打麻将。

鲁　豫：但你家生活还是很好啊？

蔡康永：我也不知道为什么，我觉得上海人爱面子，第一就是他大概钱不够也不会跟小孩子讲的。

鲁　豫：那他可能打麻将打得很好赢回很多钱。

蔡康永：没有，他很差劲的。他如果赢钱的话回来就会很乐，然后表现得热情洋溢，给小孩子红包什么的，输钱的话就闷声不响去睡觉了。所以你知道他如果闷声不响的那就是今天输钱了，但他每次都只吹牛赢钱，从来不算输钱的部分，所以肯定是入不敷出的。

鲁　豫：你是属于你爸爸的“老来得子”是吧？

蔡康永：对，是老来得子，所以就把我当宠物来看待，都不要求我要上进什么的。比方说我在台湾的大学念完之后，我爸就跟我说：“弟弟呀，你一定要去念一个硕士学位。”我问为什么，他说：“就是要念一个硕士学位，而且必须是美国最好的大学。”我问：“那要不要念博士呢？”他说：“不要念博士，博士太久了，念硕士就好。”

听起来就好像是他在点一道菜，你要去帮他把那道菜煮出来就可以了。然后我问："那钱呢？"他说："钱我会负担，你不准去端盘子！"你说上海人是不是很奇怪？不准儿子去打工端盘子赚学费。

鲁　豫：跟上海人没关系，就是爸妈心疼孩子，尤其是你这么小的孩子。

蔡康永：有，我觉得跟上海有关系。因为台湾有一阵子流行吃豪华酒店里头那种大型的自助餐，摆出很多道华丽的菜然后让客人去自己选那种。大约好几十年前，台北那一阵子红起来这个东西的时候，他们这些老人家就凑热闹去吃那个自助餐。当时我们就排在队伍里面要去拿菜，我就帮我爸爸拿了一个盘子到他手上，结果我爸爸一边接过那个盘子来一边叹了一口气说："唉！在上海只有乞丐才拿着盘子排队去拿吃的东西！"我当时就想：人家请你来吃自助餐，你怎么会觉得自己像乞丐呢？后来他就带我去了一个他满意的吃自助餐的地方，你就坐在那边不动，服务生把菜推过来以后，你也不要用手指，只要用下巴点就好了，然后那个服务生就会帮你把菜拿到桌上来。所以我觉得我爸爸是某一种特定的上海人。

鲁　豫：是你们家里面有很多的规矩，一般的上海人也不全是这样的。

蔡康永：我想也是。

鲁　豫：你从小在家里边是不是有很多规矩？

蔡康永：那些规矩都很可笑。比如说，我大概五六岁的时候，我有个干妈，她每年过年都会带当时在台湾非常罕见的那种欧洲做的金币巧克力来给我，每到过年就当成吉祥的礼物送给我们这些小孩子。我一般就会把最大的那个金币舍不得吃存起来，因为很漂亮。结果只要有爸爸的朋友来拜年还带了小孩来的，我爸就会立刻把那些我珍藏的金币丢出来，说“吃吃吃”，就把它吃光了。然后我就觉得这做主人也太苦了吧！还有就是我们家里头以前最多的时候好像有大概六个用人，包括司机什么的，可是后来人口就变得很少了，最后只变成一个用人，而且是菲律宾人。那时很好笑的就是，我爸爸会留下“口头禅”。我小时候只要回家他就问我吃了没有，我说没有，他就会说：“叫他们弄点吃的东西给你！”结果等到最后只剩一个用人了，我每次回家他还是会说：“叫他们弄点吃的东西给你！”我那时心说：“他们在哪里啊？总共就一个吧！”

到了上学的年龄，蔡康永被家人安排在台湾再兴私立学校与其他大家族的少爷和千金共同学习。但是每次放学后，坐在车里看到窗外别的普通家庭的小孩可以打架也觉得是件很过瘾的快事，于是儿时无架可打的蔡康永从7岁就开始学习京剧，因为在他看来，唱戏的整个过程中可以穿着盔甲带领军队去跟人拼杀。

鲁　豫：那时你几岁呀？

蔡康永：7岁。其实那时候根本不知道自己要干吗，我就跟我妈讲说“我要穿”、“我要打架”。她说：“那你如果考到第一名了，我们就找那个戏剧学校的师傅来把你打扮成舞刀弄枪的角色。”结果我就赶快去考了一个第一名回来。她就从台湾的戏剧学校找了师傅来。戏剧学校没有 7 岁的小孩衣服，还要拿橡皮筋卷好几层才能够穿得上去。因为我指明了要舞刀弄枪，所以派给我的角色全部都是凶狠的角色。

鲁　豫：是叫武生的角色吧?

蔡康永：对，武生。然后师傅就从戏剧学校来，教我摆一些武打的姿势，然后拍照，也只是被拍照而已。

鲁　豫：不是正儿八经地学?

蔡康永：纯拍照。

鲁　豫：闹了半天这时候你还不会唱戏?

蔡康永：所以说是有毛病吧，你说是不是。就是为了拍照，就摆几个姿势拍完之后，爸爸妈妈叫我签名送给亲朋好友，然后这件事情就结束了。

鲁　豫：我觉得你妈很会教育，你说你要打架，然后她就把你的注意力一下就转移到别的地方去了，但你当时的意思真的是要去打架对吧?

蔡康永：没有，我就是想要逞勇斗狠，不是真的要打架，就是想要打扮成侠客的样子！而那时候小孩子不能拍到电影，他们就只好想到京剧，因为爸爸很爱看京剧，所以对这个比较熟识。

鲁　豫：你是个这么乖的小孩，我以为你真的要出去跟人打架呢?

蔡康永：没有，我很没种的。

鲁　豫：敢于承认自己没种的人是很有种的。那你认为小时候你干过的最出格、最淘气的事情是什么?

蔡康永:我到中学才变得叛逆，小时候没有。我从小就当班长，后来就当学生会主席，所以一直都有一个恶势力在我身上，也就是我可以用非常多的小手段去买通人心。比方说有同学在班上是非常难搞定的，好勇斗狠，那他如果要被学校记过了，我就会去我们学校的训导处，跟训导主任沟通，把他的那个过给盖下来。然后这个逞强斗狠的同学就欠我一个人情，就会被我收买了。所以，我就是那种心机很重的班长，整天搞这些小花样。

鲁　豫:你这样挺厉害的!

蔡康永:很恶心的。我长大之后回想起这个过程，觉得不堪入目。

对于蔡康永来说，学唱京剧有很多好处，不光可以让他逃离无架可打的孤独，顺理成章地实现自己打架的愿望，还可以冠冕堂皇地假借学习京剧而自由翘课。只是对于后来情窦渐开的蔡康永来说，当初选择唱京剧作为课外活动却是最令他懊悔的事情。

蔡康永:我念的那个私立学校很特别，里头都是一些高官或者是比较偏中上阶级的人的小孩，所以那个学校本身就保留了一些老派人的传统，包括小孩子唱京剧。因为在京剧的发展历史里面，小朋友上台唱戏不是奇怪的事情。我爸爸后来告诉我说，他们在上海的时候也有一种表演，是专门看小孩演京剧的。我 7 岁时拍完那个剧照之后就去参加学校里头的京剧社团。我本来希望延续那个舞刀弄枪的路线，

可以打架的，结果没有料到就被派去演《四郎探母》，是一个完全没有打架机会的戏，把我闷死了！

鲁　豫：你的声音一唱京剧就完全不一样了。

蔡康永：对，所以我老被小S骂，因为她每次逼我唱歌的时候，我一唱她就说："你干吗唱京剧？"因为她觉得我唱歌的时候京剧腔太重了！

鲁　豫：那时候有你的戏迷吗？

蔡康永：有啊，有一些老人家后来会到校门口等我，说要把我领养回去。

鲁　豫：同学有找你签名的吗？

蔡康永：也有。我自已在学校常常做一些出风头的事情，学校常常派我出去比赛，我有被训练参加作文比赛、演讲比赛、辩论比赛之类的。其实我参加这些比赛的重要原因是可以逃课，因为你只要说要去练演讲，就可以消失不见，也没有人敢管你。其实小时候真的觉得出风头是比较有意思的事情，所以就常常出去比赛。我在学校出风头不是光因为唱戏的关系。

鲁　豫：你小时候的理想是什么？当时觉得长大要干什么？

蔡康永：有想过要当领导人。我不是说我中学开始叛逆嘛，所以后来我就在编校刊的时候放了几篇那个时候国民党受不了的文章进去。因为中学生就是自鸣得意地会觉得我要带进来一些不同的想法，我要介绍除了国民党之外其他政党的思想什么的，然后就摆了几篇文章进去，结果就惹了大祸。当时台湾叫作"警备总部"的那些人就跑来开始检查，说你背后到底有没有黑手指示你做这些可怕的事情，有没有被指示去散布毒素思想等。然后就完蛋了，被记过了。可是学校又觉得把这么红的一个学生记过很丢脸，好像他们教育很失败似的。所以最后他们就发明了一个很鸵鸟心态的做法，叫作“暗记过”，就是记了过可是全世界没有人知道，只有我自己知道我被记过了。但从那时开始我就有点觉得政治这个事情不合我的个性了，所以我后来上大学就完全不会想要从政了。

鲁　豫：那你理想又变成什么了呢？

蔡康永：那时候就变成拍电影了。

鲁　豫：拍电影？是当演员还是当导演？

蔡康永：当导演。你看我这样能当演员吗？

鲁　豫：那有什么不能当？你的造型很像少年队啊！

蔡康永：在过大学生活的时候，我在电影里面得到了很多安慰，就觉得电影怎么那么棒，可以用这么美好的事情来影响别人，所以就一心想要学拍电影。我爸爸说，只要念到硕士学位而且是美国的好的大学的话，随便我念什么都不在乎。结果他也不知道我会疯狂到跑去申请了一个电影的研究所，害他后来在朋友中间丢了一阵子的脸。似乎在老上海人心目中，演艺圈恐怕根本就不是该去学校学的东西。反正我觉得他就是把我当宠物对待，所以他也不是真的在乎我学什么，觉得只要你赶快回来就好了。所以我就真的跑去 UCLA 学电影了。

1986 年，本科毕业的蔡康永如愿考上了美国加州大学洛杉矶分校电影电视研究所，从事编导制作专业的学习和研究。从小就习惯了被人照顾的蔡康永第一次开始独自度过在洛杉矶的异域生活，其中的欢乐与痛苦令他至今都念念不忘。

鲁　豫：我一直都觉得到国外去留学的话，就应该过那种特别苦的日子，比如说端盘子什么的，可惜你没有过过那样的日子吧？

蔡康永：爸爸不准我端盘子，可是钱还是很不够的。因为拍电影这件事情很花钱，我们那个学校是要求同学自己筹钱拍片，你不能叫学校帮你负担全部的费用，所以那时候就省吃俭用，把每一分钱都省出来存着拍片。而且毕竟爸爸自己没有去美国念过书，所以他也不知道留学要准备些什么东西。我记得当时为了把我弄进UCLA去，就动用了一些关系，找了一些强有力的推荐者，其中有一位是在香港电影史上很重要的一位武侠片导演，叫作胡金铨，他拍过最早的《龙门客栈》。我爸爸就动用关系叫胡金铨帮我写了推荐信，再加上我其他的成绩还可以，就顺利进入了UCLA学习。初到洛杉矶的时候就是胡导演本人开车到机场来接我，可是胡金铨是个艺术家，是那种他自己也不知道怎么生活的人，我听说他常常一个人在洛杉矶的街头构思电影的情节，默默地一个人自言自语，然后走着走着就撞到电线杆了，就是这样子的一个人。他当时接了我之后，把我往住的地方一丢，就走了。当时我什么都没有，车也没有，锅、碗、瓢、盆、棉被都没有，第一个晚上我在洛杉矶冷得半死，盖了六条牛仔裤在身上度过第一天。

鲁　豫：你不带棉被带六条牛仔裤干什么？

蔡康永：就是公子哥搞不清楚状况！我打包的时候就想，衣服一定要带很多，然后就带一大堆衣服去了。我带去的衣服多到一个月不洗每天换新的都还有的穿。后来才靠同学的帮忙慢慢进入了洛杉矶那种一定要开车的生活，可是钱还是很紧。我记得有一次在洛杉矶学校附近，我说我好想吃米饭，可是我吃不到米饭。我没有煮饭的东西，我也不会煮，我几乎只会烧开水而已。我在大学第一次烧开水的时候，就望着那个正在烧的开水，想着听说过开水滚的时候会有泡泡出来，所以就瞪着那个水看，结果忽然就看到第一个泡泡出来了，我纳闷儿他们没有告诉我要到第几个泡泡出来水才会开啊？所以我就一直望着那个开水，直到它整锅都起泡泡，我就想这回应该没有问题了，确定那个水烧开了。反正我当时就是很蠢的一个笨蛋就是了，而且还碰到一个比我还不能干的人。我记得那时候就特别想吃米饭，但是吃不到，然后在学校附近看到一家日本料理，就觉得日本料理起码吃得到米饭，所以就进去吃。可是一打开菜单发现好贵，吃不起，所以最后只叫了最小的一碗白饭跟一道很寒酸的菜吃了。当时隔壁桌有一个日本人一直看我，他可能是不晓得为什么这个人只吃这么一点点东西吧！后来他就走过来叽里咕噜跟我讲了一长串的日本话，我也不知道他跟我讲的是什么，讲完之后他就回到他的桌上去把他桌上所有的菜端过来给我吃。他大概觉得我穷疯了吧，救济我一下。

鲁　豫：公子哥能受这种苦吗？

蔡康永：可以，因为是为了自己喜欢的东西。我觉得爸爸如果叫我学一个我受不了的事情，那苦才大，他纵容你学你爱学的东西，要

是你还吃不了苦，那就太没有出息了。

鲁　豫：学拍电影是不是要自己去拍一些什么实验片、电影短片？

蔡康永：我们拿的硕士学位是 MFA，就是你必须要做东西出来，而不是写论文。一般的研究生只要写纸头上的论文就可以毕业了，但是建筑系、戏剧系、电影系和舞蹈系的学生是一定要把作品拿出来当论文的，而不可以靠写的。所以我们那个学校规定每一年都要拍出一部片子来，然后连续三年你拍的片子都通过教授的审核，就可以毕业了。

鲁　豫：你拍过的最好玩的东西是什么？

蔡康永：我拍过一个讲失忆症的爱情故事，是讲一个小男生，出了车祸以后他会失去记忆，每一天一睡着都会失去前一天的记忆。

鲁　豫：很像朱莉·芭莉摩尔和那个男孩演的电影。

蔡康永：可是那时还没有那个片子，我自己想了这个故事出来，然后我就拍。故事后来就是讲，这个男孩在医院里面遇到了一个他很喜欢的女生，而那个女生得重病了，但问题是他每天睡着了都会忘记他们相遇的过程。所以当他知道那个女生要被送去开刀的时候，他想到自己如果睡过去可能再也见不到这个女生了，所以他很怕他自己会睡着，进而会失去跟这个女孩子所拥有的共同的回忆，所以他就死撑着，不要睡着。可是医生当然还是会给他睡眠的药物，所以他最后还是睡着了。结果第二天醒来的时候那女孩子已经在手术时死掉了，而他就完全忘记了曾经发生过这个事情。这就是一个风花雪月的忧郁少年自己想出来的悲惨的爱情故事。

鲁　豫：我听说你拍过一个短片，是你跟你搭档偷拍的，那是什么东西?

蔡康永：对，当时我们的教授叫作希尔•彼劳文，是阿根廷的纪录片大导演，得了很多纪录片的大奖。可是你知道，中南美洲或者是东欧的人，有的时候是不得已到洛杉矶去谋发展的，他们喜欢那个地方，然后住下来，可是就再也没有以前那种电影事业的规模了。所以，很多大导演进了UCLA当老师，也只好跟我们这些小鬼搏斗、教我们怎么拍戏。当时那个阿根廷的教授要求我们拍一个纪录片，不准用任何的旁白说明，因为是要用影像说故事的，剧中人可以讲话，但是不可以另外配旁白。他就是要求拍个短短的纪录片，但不要找演员来演，要真的人，还不可以有旁白，但又要传递某一个信息出来。当时恰巧我在忙别的功课，然后我的搭档就说他来搞定，要我不要担心。结果他竟然跑到UCLA的女生体育馆的换衣间里放了一个摄影机，专门拍女学生换衣服的过程。这个作业播出来时，教授大怒，说：“你怎么可以做这种下流的事情呢？”可是那个同学就说：“你自己讲的只要是真人演的，不是演员演的就行了，我也没有配旁白啊！”

鲁　豫：但传递的信息是什么?

蔡康永：对，教授就问这有什么信息，然后我同学就说不出来了，所以他就说这个归蔡康永讲。当时我站起来不知道要说什么，就说，这个信息就是，你看她们穿上衣服又脱掉，脱掉衣服又穿上，是一个非常平庸的事情，所以主题叫作“庸人自扰”就是了。你知道吗？西方人有时候会被东方人唬住的。

鲁　豫：你说这是孔子说的是吧？

蔡康永：我好像说的是禅宗的意思。只要东方人亮出这些禅宗、孔孟之类的东西，西方人就会退避三舍，说算了算了，不和你争论了。

鲁　豫：你这个作业得多少分？

蔡康永：B。那个帮我偷藏摄影机的搭档，后来还当了一阵子狗仔队呢，所以是家学渊源吧！不过我这个作业得的B是我最烂的一次分数了，可是挺好玩儿的。拍电影本来就是一个应付层出不穷的繁杂问题的过程。像我们外地去的学生，有的时候为了拍一场撞车的戏，就要跑去市政府跟洛杉矶贝佛利山庄政府厅，因为我们那个市政府属于贝佛利山庄政府厅管的，我们就必须要得到市政府厅申请批准。洛杉矶非常专业，你一旦申请批准通过了，他会派出交通警察帮你把交通挡住，让你好好地拍一场撞车的戏。可是我们这些外地的学生哪里搞得定这么多事情，有时候在街头看到一个景很想拍就冲过去拍了，那时候就要用种种的方法把警察给引开。比方说，如果你在这边偷拍撞车的戏，然后警察慢慢地走过来了，就会有两个同学马上跑到另外一个路口去打架，为的是把警察引诱过去，然后我们这边就赶快把这个戏拍了，拍完东西收一收就逃走了。

鲁　豫：那也挺好玩的。这离你后来在台湾当编剧有多长时间？

蔡康永：很短。我回台湾后去了一个电影公司，也是靠爸爸的关系去的。那时候台湾很流行找香港的导演来拍片，我参加过了两个片子，第一个是香港导演许鞍华监制、台湾的吴念真编剧的叫作《客途秋恨》的片子。最好玩儿的是邵氏公司，邵逸夫的夫人方逸华女士，有一次跑到台湾来，说要签三个刚从欧美学完拍片回来的新的导演。然后当时有几十个从欧美回来的学生跑去应征，一个一个跟方逸华女士面谈。一般方女士就会问："如果我们邵氏要请你拍个片子，你要不要讲个故事来听听啊？"然后每一个人就跃跃欲试，赶快讲一个他觉得很得意的故事。结果我跟方逸华女士讲故事讲到一半的时候，她就站起来倒开水去了。我心里面就想，死定了，讲故事讲到一半人家跑去倒茶，根本就不喜欢我的故事。结果后来我走出来就跟一起去面试的其他导演讲，我说："我完蛋了，她竟然跑去倒茶。"结果他说："没有关系呀，我讲故事讲到一半时候她就睡着了，所以你这个不算惨！"后来我果真入选了三个导演之一，要去香港邵氏公司拍片。可是后来邵氏从那时候开始就把事业重心全部都转移到电视圈去了，就不太再有拍片计划了，所以事实上就是签了一个漂亮的合约，可是没有机会真的去做些什么。

鲁　豫：你到什么时候才发现电视其实也挺好玩儿的？

蔡康永：我后来觉得电影太慢了，你如果接触过电影圈的人就肯定听过那种"十载寒窗无人晓"的故事。像李安导演在拍片之前窝在家里写剧本就写了六年，那个是他熬得住才撑得下去。

鲁　豫：你熬不住？

蔡康永：我在电影圈看了很多导演抱了一个故事去找人家要钱，结果那故事我都听了三年了，连一点影子都没有，就是拍不出来，我想这个太耗费精力了。因为我写了很多影评，所以后来就变成电视节目只要谈电影的就会找我上。我去上节目的时候有一些人觉得这个人讲话还蛮好玩的，其中有一位是台湾电视圈非常重要的人物——张小燕小姐。后来她在台湾负责一家电视台的时候就开始找我去做节目。

鲁　豫：从嘉宾的身份开始的还是从主持人开始？

蔡康永：从主持人开始。她找我去的时候就说要我开一个读书节目，再开一个谈电影的节目。她做第一个节目是1996年吧，叫“翻书触电王”。

因为参加张小燕主持的电视节目，蔡康永睿智机敏的特性被电视制作人发现。1996年，蔡康永拥有了自己主持的第一个电视节目——《翻书触电王》。1998年，他主持的《真情指数》成为他的招牌节目，他也因此被推上了电视生涯的高峰。随后，蔡康永又乘胜追击，于2003年推出了一档与青少年一起探讨社会话题的电视节目——《两代电力公司》。2003年年底，台湾中天电视台准备策划一档娱乐节目来吸引年轻人。这时，总喜欢穿奇装异服并不时放只鸟在肩膀上，甚至有时干脆间或坐在马桶上主持节目的蔡康永受到了制作人的注意。当制作人詹仁雄把这个创意告诉蔡康永后，他爽快地答应之余，只提了一个条件：要小S做搭档！

鲁　豫：你跟小S搭档，你们俩是挺互补的吧？你一说话就是这样慢悠悠、慢条斯理的，而她恰巧是那种叽叽喳喳的。

蔡康永：起先也不知道。起先喜欢找小S就是因为我觉得她跟我个性很像，当时她跟她姐姐在主持一个叫作“娱乐百分百”的娱乐新闻节目，姐妹俩常常做出很疯狂的事情来。比如说有一天节目开播，结果大S失踪不见了，然后小S直接在节目里面哭泣说："姐姐你到哪里去了？"其实姐姐大S那天可能心情不好就不见了。

鲁　豫：啊？可以这样的吗？

蔡康永：因为那是现场直播的，所以她们姐妹俩想到反正还有一个人在，没关系。大S是一个很有个性的人，小S其实是一个还蛮顾虑别人的感受的人，她们姐妹俩不太一样。她们姐妹俩在《娱乐百分百》里面度过她们姐妹的生活，在家里没有空聊天的话就到节目里面来聊天，结果在台湾就非常轰动。因为没有人把家里的事情全部拿到台面上来讲的，像徐妈妈爱打麻将、输多少钱全部都拿到台面上来讲，然后有的时候她们会忍不住说溜嘴，闯一些祸。比方说她们如果不喜欢某一种运动，就会说："哦，那个运动比赛无聊死了！"然后第二天，热爱这个比赛的人就会立刻群起而攻之，说："你们怎么可以不喜欢这个运动？"她们俩第二天就又赶快道歉，说："对不起，我们很喜欢这个运动！"是很真情流露的两姐妹。而那时候我们的制作人就问我，如果要找一个女生搭档想要找谁，我就说："我太喜欢小S了，我希望能够找她。"可是我记得很清楚，她第一次见到我的时候是很不安的，因为她觉得我就是一个书呆子，仿佛是另外一个世界的人。可是我因为看她的节目，我知道我们两个有很像的部分，比方说叛逆的个性。其实像《两代电力公司》，可以充分地显露我那种不喜欢跟主流社会站在一起的态度，而她在《娱乐百分百》时，我也看得出来她是一个喜欢恶作剧跟不太把严肃的事情看得很严肃的人，所以我后

来跟她一起做节目就发现真的很合。

鲁　豫：你们俩在台上说的你觉得最无厘头、最搞笑的东西是什么？

蔡康永：常常都不会知道事情发展到哪里去。比方说，我记得香港明星谢霆锋来的时候，我们两个其实都不太敢惹谢霆锋，因为他看起来很酷，而且他身上又有很多的绯闻，所以我们想问又不太敢问。

鲁　豫：你们还有不敢问的吗？

蔡康永：我们都要互相壮胆的。比方说小S如果问了什么，我就会打断她说："唉，你不要问这个问题，他会生气的。"

鲁　豫：假装的是吧？

蔡康永：对，我就说你不要问这个问题，他会生气，说完我就转过来对来宾说："小S说的是真的，对不对？"结果对方就笑了，就会讲是怎么回事。

2004年1月，第一期《康熙来了》开始录制，嘉宾李敖在中天的演播室中，节目组所有的工作人员都战战兢兢在一旁静观，不知道这两个怪主持碰上李敖这个同样以怪闻名的大师会产生什么状况。没想到二人态度自如，李大师也挥洒自如，即便是谈到敏感部位刚刚做完的手术，仍然是谈笑风生。

自从2004年1月5日《康熙来了》第一期播出后，这档古怪的脱口秀节目迅速蹿红。完全即兴的提问和无底线、无禁忌的话题，让现场惊喜爆笑的场面迭出。据台湾东森网络投票的调查结果显示，《康熙来了》凭借65.07%的支持率一举获得网友心目中“最佳综艺节目”的称号，并且顺利入围金钟奖最佳娱乐综艺节目。谈到节目的成功，蔡康永却一再表示这应该归功于他和小S都是不爱为电视做功课的偷懒人。

蔡康永：我觉得我们俩挺无厘头的，想到哪儿问到哪儿，这样就会有一些惊喜出来。事实上我们也做功课的，但藏在口袋里，不到最为难的时刻都不用。

鲁　豫：一般功课都是偷偷的，你做你的，我做我的？

蔡康永：对，我跟小S不太在事前沟通我们采访时要干吗，所以常常上台才吓一跳。比方说我今年主持金钟奖，我要放一头大象在我的肩膀上，她就会说要放她妈妈在肩膀上，就是那种你完全不知道她在讲什么东西，可是就会冒出来一些完全没有讨论过的东西。其实小S总是给我无穷惊喜，因为她总是会迸出些火花来，是没有办法预料到的。

鲁　豫：其实当主持人有时候有些问题你是必须要问但又很难启齿的，一开始心理上像瓶颈要突破它，你是怎么突破那个关口的？

蔡康永：我自己觉得，来宾来上我的节目是真的很捧我们的场，所以我不觉得自己可以不礼貌地对待别人；可是我也一定会跟来宾讲好我要问哪些事情，我不会避开哪些问题不问。

鲁　豫：你会事先跟人家见面的？

蔡康永：不会，我的制作人会去讲。我的制作人一般会说，如果

不能谈这件事情的话，那我们就没有办法录这个影了。所以来宾如果愿意来，就表示他认同这个标准。我讲这个是指《真情指数》，我觉得他既然敢来，那么他一定是有原因的，也是准备好了要应付这个问题的答案了，所以比较好玩的事情恐怕是在他把他那个准备好的“标准答案”丢出来之后，你是要停止呢？还是要锲而不舍地继续钻下去？我自己问问题的方法有的时候是靠死缠烂打，比如要是我现在问一下，而来宾显得很为难，并讲了一个前不搭村、后不着店的答案想要把它避过去，我就会在心里面记下来他这个问题没有答，然后过了五分钟我就会再提出来问。有的时候因为他也觉得被你问了好几遍不好意思，借口也用光了，有的时候其实是因为被问昏头了就讲出来了。我在做《真情指数》的时候，是一直看着我的来宾的。我自己有问过朋友们，一个人若是一直被人家用眼睛直视着、盯着，大概四十五分钟之后就会头昏了，就开始精神涣散了，所以我就习惯一直盯着人家。

鲁　豫：作为一个传媒人，你是一直特别保护自己生活的吗？

蔡康永：你可以看到《康熙来了》是一个转变，《康熙来了》之前，大家比较把我当另类的人，比如《两代电力公司》和《真情指数》，在台湾都绝对不是收视率很高的节目，它只是很有话题而已。但那个时候的蔡康永就被媒体当成一个异类，似乎你就是文化圈的人，而你不小心到电视圈来做了两个节目而已，所以那时没有什么人会窥探你的生活，也对你的八卦没有兴趣。可是《康熙来了》之后，记者们完全不愿意把我再当成原来那个自由自在的人，似乎是“你已经踩到战场里来了，那你就得接受炮火”。他们就开始以同样的规矩对待我，我开始时候很不习惯，因为原来我真的爱干吗就干吗，我在节目里面做很多好玩儿的事情也不会有人觉得不妥。可是《康熙来了》之后，就会被检查得比较厉害，而且就会开始被跟拍。

鲁　豫：开始挖你的故事？有狗仔队跟着你？

蔡康永：都会有。

鲁　豫：他们一般都怎么跟你？

蔡康永：我不太能发现，我常常第二天看到报纸都没有料到那个时刻被拍到，真的。因为我生活很无聊所以也无所谓，拍到的都是无聊的画面，就没有那种醉倒在街头或者正在马路上上厕所这种事情。

在演艺圈炙手可热的蔡康永，他的性取向也一直受到大家的关注。而他第一次承认自己的性取向是在参加李敖主持的一个节目中。蔡康永的男朋友叫刘坤龙，现在在一所大学担任英文老师，在一次蔡康永的书展中，男友的照片公开发布在展览的海报上。为了避免被人认出，还用了曲家瑞这个名字，没想到还是被媒体的朋友发现了。这个男友的故事也同样被蔡康永写进了散文集《那些男孩教我的事》中。

鲁　豫：我觉得你是一个特别勇敢的人，活得挺真实、挺透明的。我觉得在台湾那样一个相对比较保守的环境里面，能那样做是挺勇敢的。

蔡康永：如果要欺骗自己，不能面对自己的话我觉得会活得很累。所以不管是不是有名的人，我都觉得不想骗自己，结果不巧就变有名了。所以不是我故意要逞勇敢，我只是不想对自己说谎而已。

鲁　豫：刚才我翻了一下《那些男孩教我的事》，觉得特别可爱。第一，里面画了很多很卡通的画；第二，我觉得写得很感动，把这些年认识的很多男性的朋友，用非常诗意的手法写下来，我觉得特别感动，也是非常干净的一本书。

蔡康永：对，我那时候写《那些男孩教我的事》的时候，是因为我觉得我们的一生会变成今天这个样子，一定是因为每一个年纪遇到的身边的人东一点、西一点地留下了一些东西在我们身上，然后我们就一步一步变成现在这样子的一个人。但如果要追索那个路线的话，会是一个很有趣的地图，把它一个点、一个点标识出来。那时候我就想要不要试试看能不能做到这件事情，于是我回想过去觉得特别有代表性的人，每一个人编一个号码写出来了。

鲁　豫：我觉得你真的是特别真诚，而且非常透明。我记得最初是有一次李敖采访你吧？李敖问到了，然后你就说了。

蔡康永：对对对，因为那次是陈文茜的节目，可陈文茜自己不在，没办法主持，而她又跟李敖很要好，所以她就找李敖代班当主持人。李敖说他怕一个人主持很无聊，要找一个他熟的人当来宾，就问我可不可以。我想人家这么赏脸，我当然去陪他一起度过那个代班的节目，这是应该的，所以我就去了。后来在中间进广告的时候，李敖就问我："真的什么都可以问吗？"我说："什么都可以问啊！"然后广告一回来他就问："你是不是喜欢男生？"我就说："对啊！"就是这样。我说："你要介绍人给我认识吗？"我当时回答是因为觉得这有什么，我自己心里面想这事情肯定有一天有人问的，我就是在等谁问，因为谁问我都会答。我一直在想千万不要落在一些很不上道的烂记者问，因为即便是烂记者问我也得答，可那就栽在讨厌鬼的手里了。

鲁　豫：可是当时讲，一点都不觉得会怎么样吗？

蔡康永：因为他当时是很自然地问出来的，而且因为我一直都不隐藏这件事。我从开始上电视就从来没有假装过自己有女朋友，或者说曾经跟谁闹过绯闻，我不做这些事情的，所以记者从来没有认为我想要隐藏这个事，只不过是在电视上面这么公开一问一答，明确地盖棺定论这个事情没有发生过。可我哪里晓得第二天报纸跟电视会把它当成那么大的事情来报道。

鲁　豫：那之后会有压力吗？

蔡康永：如果是去干扰你另一半的生活，那会有压力。可是我自己这边是没有的，我很多时候是不在乎很多事情，有的时候自己没问题，但家人会比较麻烦，所以我的家人都比我担心，他们都会打电话或者传短信来说："没关系！我们支持你！"我收到短信会觉得很奇怪，大家又不是不知道这件事情，有什么好讲的。

鲁　豫：你的父母一直都知道吗？

蔡康永：没有，这其实恰恰是一个刚好的处境，就是父母亲都不在了，所以就不会干扰到父母亲。

鲁　豫：对，因为毕竟上一辈的人可能还难以接受。

蔡康永：可是你知道老上海人有时候心机也很重的，就是他知道但他也不会拆穿你。

鲁　豫：他未必不知道?

蔡康永：我们总觉得爸爸妈妈可能什么事情都不知道，但我想他们是知道的，只是懒得谈这件事而已，所以也不会逼我去结婚或者是交女朋友。他们觉得如果把你当宠物的话，管你呢?你爱怎么样就怎么样吧!

鲁　豫：对，我觉得要能够活得特别真实、没有什么事情要掩盖，这是件特别轻松、幸福的事情，这是受祝福的事。

蔡康永：我只能讲我运气好，后来有一些类似的同志人权团体，他们会希望我呼吁一下，如果你喜欢的是同性别的人，你们都能够站出来，不要接受社会的歧视。可是我觉得很多人躲藏起来是因为他们有不得已的压力，我说我只是运气好，能诚实地面对我自己，但这并不代表我有权利去要求别人也这样做。你叫一个在高中念书的学生站出来，那他同班同学给他施加压力的时候，你要去救他吗?我当然希望社会不要歧视跟你的选择不同的人，可是我不觉得因为我自己诚实了，我就可以要求别人都要诚实。

鲁　豫：他们说最佳的状态就是，有一天人们看待同性恋、异性恋就跟看待使用右手的人和使用左手的人一样。

蔡康永：对，这是最好的状态。

鲁　豫：吃苹果的人跟吃草莓的人只是选择不同而已。

蔡康永：我不知道内地怎么看待这件事情。

鲁　豫：也是越来越包容，但是在一个变化的过程当中，至少大家开始包容，也逐渐接受，但是不会主动去谈这件事。

蔡康永：我了解，台湾也蛮像这样子。

鲁　豫：是不会用那种特别好奇或者特别不健康的眼光去看待这件事，我觉得比起以前已经变得挺好的了。

蔡康永：华人社会这方面本来就比较保守一点，可是我都觉得华人社会有时候不是同性恋或异性恋的事情，而是家人过分关心。我身边有很多女性的朋友，她们真的很不喜欢到了一个年纪之后家族里的婶婶、阿姨来问："你几岁要结婚？你怎么还不交男朋友？"等她们一结婚后就会问："什么时候生小孩啊？"

鲁　豫：中国人好像觉得跟别人做这种建议是很自然的。

蔡康永：可是我认为这是很骚扰别人的事。如果说有些人每一年中秋节聚会都得负责回答一次我为什么还不交男朋友或者为什么还不生小孩，那她迟早烦死了。之后她可能就会不想跟这些家人聚会了，因为很烦。叔叔阿姨不能因为自己结婚、有小孩就逼着晚辈都要结婚、有小孩，我觉得有时候可以尊重别人的选择。

鲁　豫：那我能"烦"你一次吗？你将来会领养孩子吗？

蔡康永：我自己觉得责任感很重要，我的个性不是那么适合养孩子。第一个，我不是那么有耐心的人；第二个，我对教育非常在乎。我知道内地有很有名的人把小孩拎离了学校，自己开了从小学到大学的课程，全部都自己教。

鲁　豫：有，现在内地开始流行不让小孩上学，在家里面以私塾的形式去教他。

蔡康永：我猜我如果有小孩也会这样搞，可是我就会觉得我干吗

花那么多时间在一个小鬼身上，不甘心啊！所以目前还没到那个时候，也怕担不起这个责任。万一那个死小孩又不听我的管教呢？

蔡康永这个人有点怪，接触的也大都是有点怪的人。他的世界如春天的樱花树，飘满了粉色温暖的情分。然而若仅限于此也就至多只能称其为热闹了，可他却未被乱花迷眼，于千万人之中，找到了等待王子驯养的那只狐狸，并按照狐狸所说“建立长久稳定的关系”。这样的人生，堪称精彩。

《那些男孩教我的事》（蔡康永著）："是啊，你们都教过我了，现在我变成这样。我应该谢谢你们吗？还是应该苦笑？人生就是这样吧——男生啊，男生啊，男生啊，男生啊，男生啊，自己；或者，女生啊，女生啊，女生啊，女生啊，自己。给你们编上编号，免得你们的脸渐渐模糊了。这样做，到底是打算要一直记得你们，还是准备要开始一个一个把你们忘记呢？我也不确定。也许还会有男生来教我也说不定。"

与台湾著名女艺人徐熙娣（小S）共同主持综艺访谈节目《康熙来了》是蔡康永最为成功的节目，其幽默、搞笑、无厘头的风格受到年轻观众的喜爱。蔡康永也曾出版过多本散文著作，包括《痛快日记》、《LA流浪记》、《那些男孩教我的事》、《蔡康永的说话之道》等。

崔健　百分百音乐

Cui Jian

采访崔健之前，我在别的场合见到过他，我们没有交流，但是直觉告诉我，这是一个话不多、做事执着、特立独行的人。我的同事们见到崔健以后都说，崔健和他们想象的那个人完全不一样，他们觉得崔健不够野性、不够粗糙。但我说，崔健一直就是这个样子。崔健给我印象最深的是他说话的方式，他是那种不太善于也不太愿意讲故事的人，说起话来非常的理性，而且离不开音乐。

鲁　豫：你平常商业演出多吗？

崔　健：大、小型演出加起来，一年大概二十到三十场，算是多的吧。一直没有什么太大变化，因为我从一开始做演出的时候就一直这样。

鲁　豫：90年代初，在你的首体专场个人演唱会之前，好像你有几年没有在舞台上，至少是没有在北京的舞台上露面？

崔　健：现在我也很少在北京的舞台上露面。

鲁　豫：那几年，给人感觉好像你不能在北京的舞台露面。

崔　健：有人这么传说吧，但实际上没有明文规定。现在也一样，我们在北京演出的话，大部分批文都会得到这样一个结果：先等等看，别太着急。都是这样，他也不说你不行，他也不说你行。

鲁　豫：音乐在你生活中占多少？

崔　健：我估计是百分之百吧，我现在做的所有事都跟音乐有关系。

鲁　豫：那音乐对你来说意味着什么？它肯定不单单是一个工作，是你生活的全部吗？

崔　健：对，有可能！我明白你的意思，你想问我生活里边还有没有其他的，如果我总是谈音乐，我估计这个人就比较无聊，一天到晚总是谈他的音乐。我现在有很多感兴趣的东西，跟音乐没有很直接的关系，但有间接的关系，比如说电影。

鲁　豫：但你还是通过你的音乐去接触电影……

崔　健：对，还是音乐。生活，生活看起来跟音乐没有关系，但我觉得跟生活、跟音乐也有关系。我觉得跟不喜欢音乐的女孩好像无法相处时间太长。你知道吗？作息时间就不一样，然后聊的东西也不一样，很快就会觉得没有什么可聊的了。

和崔健聊天让我觉得他这个人太“音乐”了，这么说可能有些奇怪，因为崔健本来就是一个非常出色的音乐人，但我的意思是，崔健的生活已经被音乐占满了。跟他谈话，几乎每一个话题都会牵扯到音乐。我想音乐是流淌在崔健的血液中的，从他小时候拿起小号的那一刻，就已经注定了音乐会和他结下不解之缘。

在崔健的音乐里，时常出现小号的声音。这个乍一听起来过于舒缓的铜管乐器，与摇滚乐的其他习惯配器相比，确实显得格格不入。不过，正是小号，沉淀了崔健深厚的情感。他的父亲是解放军乐团的小号手，崔健正是从父亲的小号声中接受了音乐的启蒙和熏陶。

鲁　豫：你算不算那种音乐儿童，从很小就开始接受特别正规的音乐教育跟音乐训练?

崔　健：没有过，不像现在的孩子。我14岁时，我爸爸对我说，你要想吹号，现在可以开始了，你岁数大了，够了。

鲁　豫：为什么吹号呢？一般小孩儿家长可能会说，你学弹钢琴或者小提琴吧！

崔　健：对，我父母从来没有给我压力，他说你要想学的话你就可以学了，非常轻松地告诉我。我一开始也试过别的乐器，试了半天都觉得不合适。

鲁　豫：你试过什么?

崔　健：我试过双簧管、手风琴什么的。

鲁　豫：你那时候喜欢音乐吗?

崔　健：我觉得喜欢。我记得最早开始跟我爸爸吹小号二重奏的时候，突然发现音乐太美好了！我记得我跑到走廊里拿谱子的那个过程，我是飞着跑的，跳着，心里特别高兴，觉得这个事儿好玩。在那之前实际上没有意识到，只觉得好听，但是没有觉得这么贴近我。实际上真正贴近我的时候，是我吹二重奏的时候，一下觉得这音乐太好玩了。音乐对我来说，好像是一个归宿，是一种特别理性的自我制约方式。我记得特别清楚，我每天看着表吹一个小时，心收一收，然后再去玩，玩得也特开心。我得吹完一个小时心里才舒服，或者一个半小时，看着表，一分钟、一秒钟都不差，特较劲那时候。

鲁　豫：是觉得吹的时间太漫长了，好不容易吹完了，还是说……

崔　健：是一种心理上的舒服，我又完成了这一个小时。完成了也特别累，那是我爸爸的号，特别重、特别大，我那时候特别瘦小，胳膊拿不起来，就放在桌子上吹。

鲁　豫：小号是特大的，是吗？

崔　健：现在看不大，那时候看很大。

学习小号成了崔健少年时代一项重要的任务。凭借浓厚的音乐兴趣和独特的音乐天赋，崔健20岁就加盟了北京爱和管弦乐团，担任专职小号手。不过，还不到3年时间，崔健就已经清楚地知道，自己不属于那种板着面孔的严肃音乐。于是他开始寻找，寻找另一种能够让心灵飞扬激荡的声音。但那个时候，崔健还没有找到答案。

鲁　豫：在台上独奏的机会多吗？

崔　健：没有。

鲁　豫：就在一个大的乐队里面？

崔　健：对，我演奏这些东西都是比较传统的，当时在北京交响乐团的时候，演奏了很多贝多芬的曲目，都是一些保留曲目。我觉得，这些东西好像是很远、很高大的一种形象，我们演出的时候穿笔挺的黑西装、戴领结什么的，这种东西好像跟生活没什么关系，是一种音乐形象。

鲁　豫：你觉得那不是你？

崔　健：不是。

鲁　豫：你觉得那劲儿劲儿的，是吗？

崔　健：对，我们穿那种衣服的时候，多少会有点不好意思。所以说我从来不愿意穿，演完以后马上脱下来，穿上自己的便装。我后来发现这种感觉好像能说明一些问题，就是你演奏的音乐和你的生活其实不是很贴近。

鲁　豫：第一次舞台的经验，我指的是舞台上唱歌的经历你还记得吗？

崔　健：忘了，恐怕是唱一些英文歌曲，一些当时算是乡村音乐的歌曲。那时候我在北京歌舞团，给别人伴奏，偶尔也唱一唱。

鲁　豫：敢在舞台上唱歌，得先觉得自己唱歌唱得很好。

崔　健：对，实际上我觉得我能唱歌，主要是19岁的时候，在家拿着手风琴练歌时，就觉得自己会唱歌，还行，上舞台的时候就觉得是应该的，应该上舞台。

鲁　豫：在台上唱歌比在台上吹小号过瘾多了吧？

崔　健：不一样。你唱歌的话，当然就觉得你可以自己写，自己编配，因为我那时候开始学作曲，自己扒那些带子，自己试着给一些歌曲做配器，那个感觉特别舒服。实际上更舒服的是你把自己的作品拿到那儿试，最后在舞台上，观众有反映，底下有掌声！我记得那时候我嗓子特别不好，唱两首歌……

鲁　豫：就劈了是吗？

崔　健：说话就说不出声来了，但是能感觉到观众还是喜欢。这种感觉，就是我们自己写的歌自己唱，会有一些很好的反应。

从观众那里得到初步认可的崔健，马上找乐团同事刘元等人，组建了“七合板乐队”，开始创作属于自己的音乐。那首《不是我不明白》就是七合板乐队成立初期最有代表意义的作品之一。遗憾的是，80年代的中国，说唱风格的摇滚简直是稀罕古怪的玩笑。起初，没有人能够接受它。

崔　健：我那时候已经开始写歌了，因为我在“七合板”时期就开始配器、写歌。那个时候，北京好像有一个全国的流行歌曲比赛，在东方歌舞团一楼的排练室，很多人报名，我们就去了。我们演唱了两首歌，其中一首叫“不是我不明白”。但是我们第一轮就被淘汰了。我记得特别清楚：王迪、刘元、我，还有一个黄小茂，黄小茂拿风鼓机，我们四个人，门口排着队。门儿一开以后，点我们的名字，别人还不让进，只能进去四个人。我们自己拿着音箱，一插电就支上了，特别有意思。然后七个评委坐在那儿，那些人不可能听我们这样的音乐，我们唱歌的方法跟他们根本不一样，都是撕心裂肺的。那时候说唱对他们来说，肯定是古怪的东西。我们当时也不管，就是告诉他们，我们很认真地做音乐，然后就来了，已经做好了被淘汰的思想准备，重要的是让他们看到我们的态度。虽然没有进入第二轮，但我估计就是因为那次，给王昆留下了很好的印象，觉得我们这帮人在使所有的劲儿给自己创造机会。第二次接触到我们音乐的时候，她已经很熟悉我们了，当时歌写得挺好，歌词也挺好，所以我们才有机会。那是一个对我来说特别重要的事儿。

崔健的第一张专辑是《浪子归》。当时摇滚还带有抒情浪漫音乐的特质，在80年代中期，已经经过了一次次思想启蒙的青年人第一次听到“西北风”，并接受了崔健摇滚乐的布道后，他们的心灵受到了棒喝和意外的摇曳。崔健和“七合板”也忽然从“稀有怪物”变成了年轻人的偶像。

1988年，许多大中城市的大街小巷都在传唱同一首歌，那就是崔健的《一无所有》。淋漓尽致的歌词，置放在刚劲陌生的音乐中。老人们认为，这是资产阶级腐朽文化的表现，而年轻人却因为在崔健的摇滚里找到共鸣而激动万分。于是穿着旧军装的崔健，变成了一个伟大符号，是启蒙、思想、真实、不合作的文化象征。

鲁　豫：后来给大家印象最深的是你第一次在北京演出，就是你穿军装那次。

崔　健：那是马褂，王迪他爸的马褂。本来那次我们演出之前都没想好穿什么衣服，每个人都带了一大堆衣服。上台之前我决定穿王迪他爸的马褂，就是这样，我觉得特别随意。

鲁　豫：你当时那个裤腿是卷起来的吗?

崔　健：裤腿是不是卷起来我不知道，后来他们拍下来，因为都是非常随意的，卷起裤腿真的不是有意的。

鲁　豫：不是想刻意跟别人较劲，你们都穿特别好，我就这样特别个性。

崔　健：那时候我们都穿那样的。好像那时候很多人穿的是晚会那种集体的服装，红颜色的。我记得我们演出的时候，好像刘元也穿那样的服装，但那都特别不重要，我觉得这是形式上的东西。我也不知道会成为历史镜头了，所有人都在谈论这件事，但我觉得对我来说特别无聊。

鲁　豫：很有意思，对于我们来说这是一个很有意思的事，这是一个文化符号。

崔　健：对于我来说就是特别随意的，什么想法都没有，特别可笑。我什么都没想就穿了那个衣服，在那之前真的就是挑了半天，本来是王迪要穿的衣服，我说，算了，王迪，我穿吧，我就穿上了。

鲁　豫：那次那个晚会是什么活动来着？

崔　健：就是百名歌手的一次演出，那是“世界和平年”，一个纪念演出。

鲁　豫：就是唱《让世界充满爱》的那次吗？

崔　健：《让世界充满爱》是个大合唱，在大合唱之前，有个别的乐手可以有机会独唱，在这之前我写了一首歌叫“一无所有”，王昆看我们走完台以后说，你可以演，然后看了看歌词，写得也挺好，唱吧，就这么简单。

鲁　豫：我记得你当时上台是说，大家好，我是崔健。后来那些报道说，第一句话出来以后，全场掌声四起，是那样吗？

崔　健：我不知道，不记得了。

鲁　豫：那种演出你都不记得了，划时代意义的一次演出啊！那次演出气氛特别好，是不是？

崔　健：对，我记得我们演出完的时候挺好玩的，我们从剧场后门出来的时候，走在街上，有一帮小孩在街头上学我们跳舞的动作，我觉得这挺有意思。

鲁　豫：你还有跳舞动作吗，那时候？

崔　健：其实是弹琴的动作，一帮小孩在那儿学。我就想，还有人学我们呢？

鲁　豫：等于是那次演出以后，崔健的名字开始叫响了吧？

崔　健：对，可以这么说。还不光是因为这个演出，还有就是专辑《让世界充满爱》，其中包括我两首歌，一个是《一无所有》，一个是《不是我不明白》。这个专辑当时卖得好像挺好的，而且封面用的是我的脸。我说你干吗用我的，他们说因为你是第一个歌啊，所以，也可能是因为那个专辑，我的名字开始叫响了。

1986年“国际和平年音乐会”唱红了两首歌——《让世界充满爱》和《一无所有》，崔健由此为同行所知。在接下来的巡回演出中，他征服了最初无法接受他的人，使《一无所有》自1988年开始广为流传，深入人心。1989年，崔健出版了第二张个人专辑《新长征路上的摇滚》，这使崔健本人和他的《一无所有》变得家喻户晓。但大家无法相信的是，崔健写《一无所有》的初衷根本不是社会启蒙，而是描写爱情。

鲁　豫：你写《一无所有》的时候，是沉浸在一种什么样的情绪里面，我指的是那歌词。

崔　健：当时写这首歌的时候，有很多想法，都和这个《一无所有》本身没有什么太大关系，等我写完歌词以后才发现，哦，这其实可以叫“一无所有”。比如当时想过叫“你这就跟我走”或“你何时跟我走”，那时候好像是1986年，还叫“1986”。因为我写歌词比较慢，写完以后跟民乐配，配完以后再修改，不断地修改，后来我发现这也可以是一个一无所有的感觉，就叫“一无所有”了。也可能这首歌不是我写的，是上帝，有人支配我写的，写完了以后我就发现，还比较有时代的代表性，对我来说，好像我没有想太多，写完了就完了。

鲁　豫：这是一首什么样的歌呢？

崔　健：它就是比较乡村化的，就是比较西北那种风格的。

鲁　豫：不，我指的是内容。你表达的比如是一种愤怒的、叛逆的情绪？还是一首爱情的歌曲？我就老觉得这是爱情歌曲，但后来可能被听的人赋予了那个时代的一些东西。

崔　健：它就是爱情歌曲，这东西都是因人而异的。你既然把作品写出来放到市场上，每个人他怎样想，赋予它怎样的东西，那真的不是我的事儿了。还有一次我在北京电视台做节目，有一个比我们岁数大的、插过队、下过乡的人。他就问我：“你是不是下过乡、插过队、吃了很多苦什么的？所以你写出了《一无所有》。”我说：“这完全是理解错误，《一无所有》就是一个情歌。”他说：“你怎么可能写这种歌呢，你太让我失望了，你这是无病呻吟呀。”我说：“这怎么是无病呻吟，这是我的感觉呀。”

鲁　豫：我们能够从你不同时期的音乐感受到你不同时期的情感。你觉得你是在通过音乐抒发自己吗？

崔　健：这个可以这样说。我越来越发现实际上感情是最难的，就是感情上的吻合、和睦，实际上是生活中最难、最不容易得到的东西。

崔健坚持不重复以前的路，接下来便出版了《解决》、《红旗下的蛋》、《无能的力量》。他希望自己是新的，永远不活在过去。而无论新歌还是老歌，崔健唯一能肯定告诉我们的就是，他唱的摇滚始终不是政治，而是爱情歌曲。

崔健是一个有些害羞的人，虽然成名多年，但是我觉得他好像并不太习惯做一个公众人物，一直以来，他都把自己的家庭生活和感情生活保护得很好。他对我说：“如果我们只是抽象地、理论性地谈情感话题，我愿意，但是我不愿意就事就人，因为我不愿意伤害别人。”我想，崔健希望别人关注的是他的音乐，而不是崔健。

崔健在音乐中一步步成熟，正如他人生的足迹从为人夫到为人父。

鲁　豫：我想知道你是个什么样的父亲？

崔　健：我觉得一个父亲和一个情人可能在某种程度上有点像。当你爱上一个人的时候，实际上你自己不知道你在做什么，当你面对

自己女儿的时候，有时候也是不知道，而且也不在乎知道不知道，就是你必须要做。

鲁　豫：你指的是一种本能、一种天性。

崔　健：对，本能与天性。

鲁　豫：当时你是做好准备的吗？我要接受一个小生命到我生命当中来。

崔　健：当你看到一个人，活生生的大眼睛，瞪着眼看你的时候，那种震撼太厉害了，这是你创造出的一个生命，这时你完全就被动了，我当时真的是这种感觉。如果父亲是这样的话，我就要考虑当不当父亲，当时那种震撼我永生难忘，因为一个活人跟你有关系，眼睛睁着看着你，所有的东西都得依靠你。

鲁　豫：你是一种不知所措的震撼还是……

崔　健：不是，就一刹那。生和没生之间就是两个概念，可能有第二个孩子就不会了，但有第一个孩子那种感觉太震撼了。就那一刹那你就完全不是过去的你了，你的责任心一下就摆在那儿了。就是你完了，她能改变你，她是你的上帝了，她能够让你做什么你就做什么，她有一点风吹草动，对你来说都是非常重要的，你自己一切都要围着她转。

鲁　豫：你跟一般的爸爸一样吗？比如你会给小孩喂饭，你会纵容她，你会……

崔　健：都做过，该干的，当父亲干的事都干过。

鲁　豫：她知道她爸崔健是干吗的吗？

崔　健： 她越来越知道了。

鲁　豫： 她那概念是什么，就是这歌儿是我爸唱的？

崔　健： 我们一直比较注意这种东西，我经常会跟她说，当名人无聊，特别没意思，这是工作，没办法。她也会理解这个，有时候别人找我签字，她在旁边就做鬼脸，自己觉得同情我，做个鬼脸就是同情我，你辛苦了。

1994年，崔健发行第四张个人专辑《红旗下的蛋》，令歌迷们大失所望。但崔健没有因此停下探索的脚步，依然朝着自己的既定方向走着。1998年，他出版了第五张专辑《无能的力量》，专辑几乎没有任何反响。可以说，此时的崔健已不为新青年崇拜，他的力量，活在80年代的启蒙时期，是那段难忘岁月里的里程碑。不过，崔健还是崔健，2002年，崔健又策划了中国第一个室外摇滚音乐节——雪山音乐节。此外在这次音乐节上，崔健还提出了一个带有运动性质的口号——“反对假唱”。

鲁　豫： 现场演唱是你搞音乐当中最喜欢的一个环节吗？

崔　健： 对，真的，我觉得很多人可能没尝到这个快乐。

鲁　豫： 你最开始的时候上过电视吗？比如说电视晚会，那个时候的文艺节目。

崔　健： 那时候没有，那时候没有电视晚会。可能我比较在乎的是真实地表达自己，如果当你发现不能真实表达自己的话，你自然就

会有一种反感的情绪。

鲁　豫：怎么样叫不能真实地表达自己？

崔　健：比如说电视台，要求你假唱，非常简单的，他给你选歌，因为电视台的条件就是说我让你露面，我让你跟大家混个脸儿熟，这就是条件。其实可以搞现场播出，而且现场播出的话，我会认真做，非常简单，你把音响师雇到了，给他一点时间，现场演出就能播出得非常好，而且现场演出的气氛肯定比伴奏带好，肯定比假唱好，他就不愿意去试。现在有现场能力的人，已经变成了一上台唱歌，就不好听，实际上不是他的问题。两个调音师，一个是PA调音师，还有一个是播出调音师，甚至是三个，好像还应该有个反送调音师，就是反给音乐家听的那种调音师，像这种东西都是一个播出工种，被电视台全部砍掉了，剩下的就是一个导演和演唱者。导演最省事的方法就是你放伴奏带吧，话筒就搁在那儿根本开都不开，他把整个音响的工种都给砍掉了，为了省钱，也为了省事。这是我不上电视的原因，主要是因为这个，并不是说我天生就恨电视，没这道理。

移居北京制作音乐的罗大佑率先支持崔健反对假唱的态度。然而，海峡两岸这一对若即若离的摇滚教父，他们此番惺惺相惜，却并未改变“真唱运动”应者寥寥的尴尬处境。内地流行乐坛众多歌手，正用异乎寻常的冷漠，审视着崔健的一次次呐喊。

鲁　豫：你一直都这么坚持，是吧？

崔　健：对呀，多少年了，一直这么坚持。你看我每年二十场演出，每一场演出都有非常清楚的合同，就是音响达到什么样的水平我们才去做，否则的话我们不做。如果要是想挣钱的话，完全可以不在乎这些东西。我现在就在做这个事，一件事、一件事跟人磕，有时候磕得头破血流，有的时候就是……很简单，过去了，都过去了。

鲁　豫：头破血流是个什么状况？

崔　健：就是一次彻底的失败，我做这个反假唱的运动，好像在某种程度上是一种抗衡，有可能头破血流，也有可能成功，就是像打赌一样。电视台和主办大型演出的人，实际上是真正提高中国现场播出、现场文化和现场音乐文化的一个重要机构。

在崔健大力倡导“真唱运动”的今天，我们还能够看到当年“七合板乐队”，还有后来的“ADO”乐队建立时，围绕在他身边的老朋友刘元和艾迪，他们和崔健一样，追逐着属于自己的音乐世界。时代在变，崔健没有变，他依然像20年前一样，天马行空，独往独来。

鲁　豫：你觉得你给别人的印象是怎么样的？

崔　健：我中学的时候，别人叫我“老崔”，现在还叫我“老崔”。有人打电话找“老崔”，我爸接的，这人跟我爸聊了半天，才知道不是我这个“老崔”。

鲁　豫：是因为你的外形，还是因为你的声音？

崔　健：就因为我的外形，我就这样，从来没有年轻过，但是也

不会变特老，反正就是愿意把这个“老”字加在我的姓前边。

鲁　豫：那你怕老吗？我不是说作为普通人的你，就是作为搞音乐的，作为崔健，你怕老吗？

崔　健：唯一没办法的就是这个，但我一点都不怕它。我觉得自己现在如果是在A面的话，不是还有B面吗？A面、B面，A面还是按加数走，活到B面的时候，就该按减数走了，比如我这盘磁带是90分钟，活到45岁的时候，我开始走B面，走B面的意思就是说越活越年轻，开始倒着走了。

鲁　豫：你喜欢还是讨厌“摇滚乐之父”这个称号，或说根本无所谓？

崔　健：麻木了，无所谓。

鲁　豫：现在可能麻木了，最开始呢？听到别人说崔健是中国“摇滚乐之父”的时候，还是会有成就感的吧？

崔　健：我都忘了当时怎么着了，我没有反对，但现在觉得这么叫是真有点无聊了。

鲁　豫：你不觉得这是个荣誉吗？

崔　健：这是一种总结，好像你已经干完事儿了，但我还有好多事儿没干呢，我说我还想当我自己的孙子。所以说人们要是在家乡认识我的话，我不希望别人找我签字，我希望如果他喜欢我的话，说老崔你干得不错，再见，这就够了。

我和崔建的谈话好像偏于理性，这点是我没有想到的，但是也并不吃惊，因为我觉得崔健就应该是这样的，崔健不太喜欢别人把他看作偶像，称他为“摇滚乐之父”，但我对他说，不管你喜欢不喜欢，你的绿军装和《一无所有》将永远是我们生活的一部分。

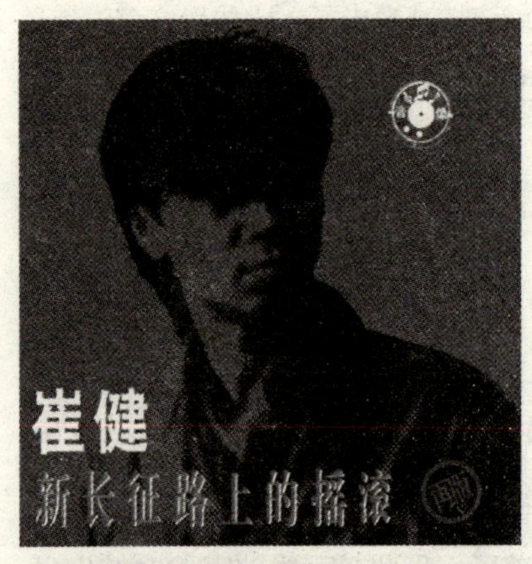

《让我睡个好觉》（崔健词曲）：“别总在我身上不停地唠叨，还是快抬起腿走你自己的道。”

《假行僧》（崔健词曲）：“我要从南走到北，我还要从白走到黑，我要人们都看到我，却不知我是谁。”

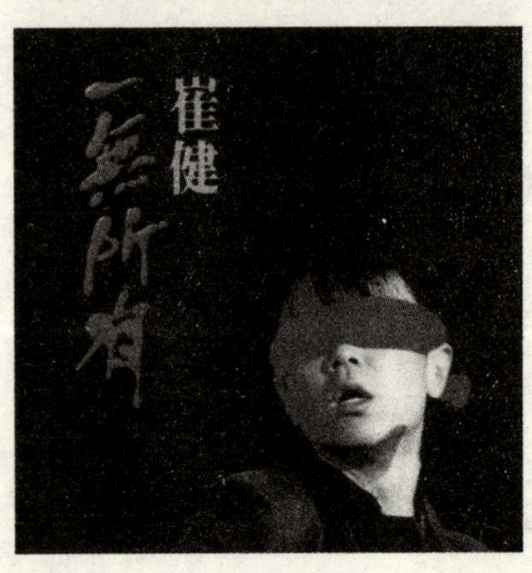

崔健被誉为中国摇滚乐开山之人，有“中国摇滚之父”之称。他的成名曲是1986年的《一无所有》。代表作还有《最后一枪》、《新长征路上的摇滚》、《给你一点颜色》等。

范冰冰 豪门范儿

Fan Bing Bing

《还珠格格》中的小丫鬟形象让观众们认识了最初的范冰冰；23岁，凭借电影《手机》，她获得人生中第一个百花奖影后；25岁，凭借电影《苹果》走上柏林国际电影节的红毯，收获第四届欧亚电影节最佳女主角奖；26岁，范冰冰工作室成立，她变身制片人，《胭脂雪》、《金大班》等自制大剧大受欢迎；29岁，凭借电影《观音山》荣获第23届东京国际电影节最佳女主角。

众人也许只看到了她华丽而风光的外表，迈向成功的道路对于她来说却并不平坦，她付出的努力常常不被认可，“话题女王”的称号与她如影随形，这条路，她走得辛苦而倔强。

范冰冰的演艺之路起始于1996年，那一年她15岁。当同龄的小女孩儿们忙功课、愁升学的时候，从谢晋恒通艺术学校毕业后的范冰冰，就只身一人来到北京闯荡，开始了自己的“北漂”之路。她一直怀揣对演艺事业的憧憬与期待，但是命运一开始，并没有垂青于她。

范冰冰：那个时候大概有半年多没有拍戏。我记得特别清楚，有一次我去见陈家林导演，他劈头盖脸就对我说：“你这个小姑娘，不回去学习，跑这儿来干吗呀！”

那时候的范冰冰，和所有刚出道的新人一样，一天跑两三个剧组，不断地往剧组投发简历与相片。虽然演艺事业远不如构想中的蓝图那

样美丽，虽然生存都遇到了很大的问题，但是她仍然没有想过回头。

范冰冰：有一次爸妈寄来的钱快用完了，明天都不知道该怎么办的时候，BB机就响了。那简直是我的幸运机器，有一条MV想找我拍，价钱是六百块，问我愿不愿意去。我立刻给人家回电话说："我愿意，我愿意！"

幸运的时候接个广告或是MV，不走运的时候一天留下的只是身体的酸痛。这样的日子持续了一年，直到1997年，范冰冰幸运地参演了电视剧《还珠格格》，这才结束了自己艰难的"北漂"生活。

鲁　豫：如果我们选取几个很关键的点，你会怎么样去回忆它？比如刚刚出道的时候，作为新人，你认为最难的时刻是什么？

范冰冰：最难的是你不知道明天的生活到底会怎么样；不知道明天到底会不会有工作做，会不会有钱赚；不知道明天的太阳还会不会那么明媚。那个紧迫感会让人很难受。

鲁　豫：大不了可以回家。

范冰冰：打死我也不回去。

鲁　豫：这么多年你拍过很多角色都是很苦的，你自己觉得最苦的是哪一个角色？

范冰冰：体力上最苦的应该是《墨攻》吧。我们在北京郊区的冰水里面，零下十摄氏度左右，我跟刘德华泡了九个小时。

鲁　豫：病了吗？

范冰冰：病了。刘德华也病了。水里什么防护措施都没有用，冷得不行了。他是南方人，冻得牙齿一直在颤，对白也没有办法讲。后来他就想了一个方法，把热水烧到很烫，往自己的潜水服里面灌，灌完了以后说是感觉好多了。他说再烧一壶给冰冰，然后就给我灌。

鲁　豫：泡在水里的时候，你不会绝望吗，觉得自己干吗呢这是？

范冰冰：我会，我觉得演员这职业真的太辛苦了。我跟刘德华说，我觉得我们干的不是人干的活儿。我问他，我们这样的选择是对的吗？他说，我这么多年，都是这样选择的。我们没有别的选择，因为我们喜欢这个职业。等到电影上映的一刻，你会觉得所有的苦都没了，好了伤疤忘了疼。电影里你泡在水里的镜头可能只有几分钟，可当你看到所有的观众都掉眼泪了，你就会觉得：我成功了！

对于范冰冰来说，2005年是最为难过的一年，看似星途幸运的她，从这一年开始备受流言困扰。“整容风波”让年轻的范冰冰时常感到愤怒和委屈。

鲁　豫：负面的新闻，如果是一般的人或者媒体在说，我觉得没关系，你可以当作没有听见。除非是你发现背后有人在恶意地、有组织地炒作，那是需要管的。一般的就别去管它。

范冰冰：问题是没有一般的，全部都是恶意地在炒作。

鲁　豫：那你们怎么办呢？

范冰冰：我不知道方向，不知道那些人到底在哪里，只要是沾上“范冰冰”这三个字的新闻，那时候就疯狂地被转载。

鲁　豫：如果让你重新选择，很多事你还会那么做吗？比如说整容的事，我就觉得你没有必要去医院里面接受什么检查。

范冰冰：因为我不相信这个世界上没有真理。那次的事件已经影响到我的工作，我拍一部戏之后开发布会，所有的媒体来问我的第一个问题就是：“现在大家都在说你整容，你到底整了没有？”这样一来，我所有东西都变得不受关注，只有他们炒作的那件事情备受瞩目。我觉得我花费了那么多时间和精力拍戏到底是为了什么，为什么要让你们拿这样一个话题就把我的付出都弄得没有了？

传闻不断，话题不止，范冰冰一直深陷舆论中心，多多少少掩盖了她在工作上的努力。她其实很想和身边的人解释，和议论她的人解释，但是她想要发出的声音，没人能听得到。所以最后，她只能放弃沟通，产生了赌气的情绪，独自面对低潮。

鲁　豫：父母看到你很忙或是很委屈的时候，会怎么表现呢？

范冰冰：前两年他们刚刚学会上网，有一天凌晨两三点了，我收工回家，看到我爸一个人在客厅里抽烟，走来走去。我说：“你怎么还没睡觉？”他说刚刚上了天涯网。我心里就开始“咚咚咚”地跳，问：“怎么了，你睡不着？”他说：“我真的不太明白，这些人离我们的生活那么远，但是为什么他们好像跟你生活得很近一样。每天你是在我们的眼皮底下，你在做什么，为了你的工作付出多少，有多辛苦我们都知道，可这些他们根本不知道。但是他们为什么要这样诋毁你？”然后我就劝他以后不要看这种东西了。其实，我也没有受到什么伤害，就算是心里有一点儿疼，我也不想告诉爸妈。我觉得时间可以证明一切，十年能证明一个人的坚持、执着；五十年，六十年，一定可以判断一个人的终生。所以我不着急，慢慢走吧，在座的所有人都是要跟我一起慢慢到老的。我们可以相互感受着对方，一直走下去。

鲁　豫：这是你的改变，我能够感觉到。其实我现在这么一想，十年，足够让一个人成长，有一个人是最好的参照，就是你弟弟。十年前那个小孩刚出生，现在已经长得很高了，变成一个小男子汉了。这样你就知道，十年是一个什么概念。

范冰冰：好可怕的概念。

2000年对于范冰冰来说是温暖的一年，比范冰冰小19岁的弟弟范丞丞出生了。但因为弟弟和父母的年龄差距较大，所以弟弟的存在也一度让范冰冰这个姐姐的身份受到质疑。尽管为此感到委屈、受到误解，但是照顾家人、保护家人，却是范冰冰一直以来勤奋工作的最大动力。

鲁　豫：你的理想是什么？

范冰冰：用自己的能力，可以让家人过得更好一点。

鲁　豫：你自己成为什么样都不重要？

范冰冰：对。我希望可以让我弟弟上最好的大学。因为我爸爸、

妈妈有我弟弟的时候，年龄已经很大了，所以我觉得我对弟弟还有一份责任，要好好照顾他。

鲁 豫：他会请你给他同学签名吗？

范冰冰：有，他会拿我的签名照给老师送礼。小时候我妈经常打我，后来我就跟我妈说，范丞丞你就不要打得太厉害了。但是他现在练钢琴，练不好的时候，我妈也照着屁股上给两下，然后他“哇”地就哭了。我觉得我妈的性格，基本上是属于改不掉的，她现在已经把所有的焦点、精力都放到了我弟身上。我这几年就自由了很多。

对父母孝顺，对弟弟疼爱，范冰冰和家人一直相处融洽。而关于她在情感上的得失，也一直是众人关注的话题。范冰冰的妈妈在不久前对她说：“如果你用你工作的三分之二的精力去面对你的感情，我相信你的情感也一定是很完美的。当你太想要这个而不要那个的时候，你就会失去很多东西。其实你可以打开，可以走出去，不要一直在自己的那个小圈子里。”

鲁 豫：我记得你有很多“豪言壮语”，其中有一句是：“为什么要嫁豪门？我就是豪门。”

范冰冰：小菲跟大 S 情感非常热的时候，很多媒体就问我要不要嫁豪门，会嫁一个什么样的豪门。可我觉得这不是判定女演员的最终的、唯一的标准。所以我那天也有点儿赌气，就说自己是豪门。我觉得面对情感，什么门都不重要，它可能是金门、银门、木门，重要的是你打开门的那一刹那，你看过去的那个人，他到底是一个什么样的人，你爱的或者是你有感觉的，你们可以相扶着走到永远的。哪怕你打开的是扇纸门都没有关系，重要的是他是个什么样的人。这也是绝大多数女孩子对情感的一种渴望。

鲁　豫：现在有这样的一扇门，这样的一个人吗？

范冰冰：我觉得我现在走到了一个特别艰难的地步，我有一个不断工作的惯性，撤不回来的。如果真的有我觉得合适的人，恋爱也总是要谈的。打电话、见面、吃饭、看电影、逛街，都是需要时间的，但是如果被很多工作缠着，就没法认真感受生活了。

鲁　豫：他可以是做演员的吗？或者歌手、主持人？

范冰冰：不可以。

鲁　豫：只要是冠以公众人物头衔的，可能性就不大。因为你太明白，家里面已经有一个人是处于这样的位置，就已经很难，如果两个人的话，就太难了。

范冰冰：太困难。我这个职业也会让普通人害怕，和我在一起就要受到很多关注的眼光，今天就算有一个人，比如是个教书先生，他再喜欢我，都会有所顾忌。我的生活里没有真实的质感，都是泡沫跟光环。

再耀眼的光环在朴实、惬意的小温馨面前，也是一碰即碎的泡沫。普通人羡慕明星受万人追捧，见识世界上丰富多彩的人与事；明星则羡慕普通人上街不用遮遮掩掩，随便说笑也不用受人关注。人生有得便有失，有舍才有得。

鲁　豫：你对工作已经够努力了，回顾自己的成绩表时，有没有“天哪，我真是挺能干活的”那种感觉？

范冰冰：对，挺可怕的。我觉得这不是一件好事儿，等我回头看，我会发现我失去了好多生活的本质。比如说今年北京的秋天很美，你有时间的话，可能会和家人或者朋友去香山看一看红叶。我的很多朋友最近都不断地和我说所谓生活的质感，这才把我一棒子打醒，让我知道生活原来是可以这样过的。

鲁　豫：你有过这样的日子吗，带着父母去趟颐和园？

范冰冰：我今年才去过颐和园和长城，到现在故宫都没去过。

鲁　豫：天安门你去过吗？

范冰冰：就是路过，跟毛主席敬礼，没有站在那儿看，因为人太多了。

鲁　豫：还有什么事情，是一般人做过，你从来没做过的？

范冰冰：我遛狗都是在凌晨三点钟。

鲁　豫：所以做这一行的很多人，其实失去了生活当中的很多小快乐。可是只有这样的小事，才能够称得上是快乐。比如你在戛纳穿得非常漂亮、惊艳，很给中国人长脸，但那其实不是生活当中的快乐。

范冰冰：对，那个衣服很瘦，我回去的时候全身都是汗。我记得脱那件衣服的时候，衣服全黏在身上，然后我跟我一个女孩儿同事，一起拉着我的衣服慢慢脱掉。那一刹那，我突然想可不可以不要再拉拉链了，把那个剪开可以吗？虽然衣服很好看，但是在我穿着它的时候，很想把它给撕烂，实在太累了。

刚出道时，范冰冰合作的对象就可谓是大牌了。而她从电视剧到电影的跨步，也是个不小的转变。很多戏骨，演了多少年的电视才有机会参演电影，而范冰冰已经多次担任大银幕的主角，并和各大牌影星合作。

鲁　豫：你合作过那么多男演员，比如刘德华、葛优，你会怎么样去评价他们?

范冰冰：我觉得能走到这个位置的演员，都是一些优秀的人，他们各有各的性格魅力。

鲁　豫：最有魅力的是谁?

范冰冰：黄秋生，他可以拿了金像奖，然后把奖杯扔在垃圾桶里面。

鲁　豫：这是魅力吗?

范冰冰：我觉得是，对我来说是吧。

鲁　豫：他可能偷偷捡回去了。

范冰冰：那我没看到。

鲁　豫：刘德华是……好人的那种魅力吧?

范冰冰：好好先生，什么都好，对现场的每一个人都很周到，成龙大哥也是非常友善的人。

鲁　豫：葛优的魅力呢?

范冰冰：胆儿小。我觉得优哥在《让子弹飞》里面演得真的很好，把他的胆儿小表现得淋漓尽致，他生活中就是那样的人。比如说见面的时候，我们大家因为很熟都习惯拥抱，他抱住了我以后就左右看，然后我说贺聪姐（葛优太太）不在，他就如释重负地说："哦！"

鲁　豫：这是他特别可爱的一面。所以你做演员有一个好处，就是能够和很多这样有性格的人一起合作，体会别人的生活，这种感觉特别好。

范冰冰：对。

鲁　豫：说实话，我们都觉得你长得很漂亮，你自己怎么看你自己？

范冰冰：我只要化了妆就是要出门干活儿赚钱的，如果我今天不工作，我是不化妆的。所以我看到自己的时候，大部分都是不化妆的样子。我觉得我还是一个挺真实的人，不矫情，挺顺眼。

鲁　豫：作为女演员，漂亮是一件好事，但有时候也不是一件好事，因为你需要证明自己不仅漂亮，还可以演戏。

范冰冰：我觉得那还是要漂亮一点儿吧，演技是可以再磨炼的，但是漂亮没法磨炼了。

鲁　豫：谈谈拿到影后以后的感受吧，冰冰？

范冰冰：还是不太相信这么重要的奖项可以落在我头上，有一种天上掉馅儿饼的感觉。

"很早以前别人说我是花瓶。我说，我要一直优雅地做一个花瓶。花瓶也有很多，成千上万的花瓶，你怎么在这些花瓶里面做一个特殊的古董式的古典花瓶，也是需要花一番心思的。这是我当时嘴巴上说的，可能是因为我嘴很硬，但是我心里边绝不是这么认同的。我觉得从今天开始可以改写历史，漂亮的女演员一样会演戏，一样可以很认真、很坚持地去演电影。”在《观音山》的庆功宴上，范冰冰留下这样的一番话。

范冰冰就是如此真实地做着自己，漂亮是上天赐给她的礼物，为什么不要呢？每个女人在年轻时，心中都住着一个“南风”，叛逆、迷茫、渴望自由、渴望答案。但是最终，人人都不可避免地要成长，要明白自己内心真正想要的东西。对于范冰冰来说，结婚、生子；老公人好、孩子健康；能做自己喜欢做的事，能不做自己不喜欢做的事，就是她想要的全部生活。

“我的个性很两极化，外表是很女孩子的样子，其实心里挺爷们儿的，同时我是一个非常细腻、敏感的人，但又很粗犷。所以我喜欢‘范爷’这个称谓，我觉得挺逗，因为我觉得自己就是一个男性化的人。”

1998年，因参演琼瑶剧《还珠格格》，范冰冰一举成名。2004年，凭借电影《手机》，她成为首位荣获大众电影百花奖影后的80后演员。2007年，她成立“范冰冰工作室”，制作《胭脂雪》《金大班》等热播剧。2010年，因主演《观音山》，她又荣获东京国际电影节最佳女演员，成为国际A类电影节影后，并于次年担任东京国际电影节评委。

墨攻
張之亮作品

观音山

张柏芝　天使的真实面

Zhang Bo Zhi

17岁的时候，张柏芝被星探发现，接拍了阳光柠檬茶的广告，后来被周星驰发掘，成为《喜剧之王》的女主角。刚刚出道时的张柏芝因为形象清丽秀美，被媒体誉为“小林青霞”，而经纪公司也意将她包装成香港娱乐圈新的玉女派掌门人。

采访张柏芝的前一天晚上，她已经连续在片场拍片16个小时。我们的采访安排在第二天下午两点半。我想那个时候她可能刚刚起床，所以一坐下来，她就要助手先去给她拿一杯可乐或者是咖啡，让她提一提神。虽然看起来有一些累，不过一见到镜头，张柏芝一下来了精神，眼睛也亮了起来。那一瞬间，我挺感慨的，觉得这个女孩子真的不容易。

鲁　豫：你来做节目之前已经连续拍了16个小时的戏了，是吗？

张柏芝：对呀，最近很忙。

鲁　豫：以你现在的精神，一点也看不出来你已经连续工作了那么长时间。

张柏芝：其实我每一天都活在片场，因为我是特别喜欢电影，所以一开机，我所有的精神都来了，一点都不觉得累。

鲁　豫：你的名字应该怎么念，是张柏(bó)芝还是张柏(bǎi)芝？

张柏芝：我还是喜欢被念作张柏（bó）芝，因为张柏（bǎi）芝听起来就像是“张白痴”一样，我不喜欢。

鲁　豫：你有没有问过你爸爸妈妈取名“柏芝”是什么意思？

张柏芝：有啊。因为我爸妈拍结婚照片的那家公司的名字叫作“芝柏”，所以后来他们以那个公司的名字反过来给我取了个名字，很有纪念意义。

1999年，周星驰自导自演的《喜剧之王》成了当年香港电影的票房冠军，女主角张柏芝由此成为当年香港娱乐界最受关注的一位新人。在短短5年的时间里，张柏芝拍摄了近20部电影，录制了10多张唱片，公开或保密地与多位香港男艺人发生恋情。如今，张柏芝不但是香港娱乐圈炙手可热的女艺人，也成了两岸三地各种娱乐报刊八卦版面青睐的宠儿。

鲁　豫：你是不是从小就是特别漂亮的小女孩？

张柏芝：因为我妈妈是英国人，我有一半外国人的血统，人家说混血儿都比较漂亮嘛。而且我很小的时候头发都是外国人的那种黄颜色，好像一个娃娃，很漂亮、很可爱，后来慢慢长大，就变成我爸头发的黑颜色了，我爸爸是上海人。

鲁　豫：你妈妈是混血儿还是她就是英国人？

张柏芝：她是混血儿，有英国人的血统。

鲁　豫：我见过你妈妈的照片，特别漂亮。

张柏芝：对呀，她给人的感觉就好像是外国人一样。有时候，她走在街上别人还以为她是外国人就跟她讲英文，但是她一点也不懂英文。

鲁　豫：从小你妈妈会把你打扮成小公主那种造型吗，穿个小裙子很可爱的样子？

张柏芝：对，但是我的性格比较像男生。从小到大，都是骑单车跟我弟弟在一起，然后常常跟人家打架。

鲁　豫：你会跟人家打架？

张柏芝：对，有时候是因为我要保护我弟弟，我帮他去打人家。

鲁　豫：你能打得过人家吗？

张柏芝：打得过，每一次都是我赢。

鲁　豫：真的吗？是别人看你是个很漂亮的小女孩不跟你打吧？

张柏芝：不是，我真的能打过他们。因为我比较凶，我的一个眼神就让他们很害怕，然后我一开始动手，他们都跑走了。

从小就喜欢照顾人的张柏芝本来打算做一名护士，然而这个白衣天使梦还没来得及实现，她就被星探发现，拍摄了几条广告。张柏芝没有想到，就是这几条广告把她带进了五光十色的香港娱乐圈。

鲁　豫：很多女明星都会说，她们当年出道的时候走在街上，就被一个星探发现了，然后就成为一个很有名的歌星或是影星。你是那样吗？

张柏芝：是啊。

鲁　豫：在街上被人找到去拍广告？

张柏芝：我 15 岁开始就不断有很多星探找我去拍戏、拍广告，但是从小到大我爸管我们都很严格。我们家有一个规定，就是 18 岁之前不能选择我们自己想做的事情，一定要听爸爸的话。18 岁之后，我们就可以做所有的事情。

鲁　豫：18 岁以前那些来找你拍广告什么的，你爸爸都给挡回去了吗？

张柏芝：他骂了我好多遍，他说如果我要做的话，一定会把我的手脚打断的。当时我很害怕，所以不敢接拍。

鲁　豫：后来拍第一个广告的时候，已经是 18 岁以后了，是吗？

张柏芝：拍《喜剧之王》和第一个广告的时候都是 18 岁。

鲁　豫：你在拍那个广告以前，比如说在学校的时候，有没有做过任何和演艺有关的工作，比如唱歌、跳舞、拍戏之类的？

张柏芝：没有。

鲁　豫：一般学校会有一些文艺演出的比赛，你都没有参加过吗？

张柏芝：小学参加过一次，而且是我们之前就把舞蹈排练很久的那种。因为我小时候是一个很害羞的人，到现场表演的时候，我会忘记一些东西然后就呆呆地站在台上，什么都不会做，我觉得很尴尬。我一直觉得我不太适合表演的东西，从来都没有想到我今天可以做这一行，真的没有想到。

1998 年，周星驰为他的新片《喜剧之王》挑选女主角，张柏芝意外中选，这部影片改变了张柏芝的命运，她的演艺道路由此变得星光熠熠。

鲁　豫：周星驰找你拍《喜剧之王》，是他打给你个人的电话，还是他打电话到你家？

张柏芝：有一天睡觉的时候，我弟弟突然拿着一本杂志飞奔到我的床边，告诉我周星驰找我拍戏，我是《喜剧之王》的女主角。当时我还不信，还以为他跟我开玩笑。后来他就打开那个杂志让我看，真的看到周星驰说找我去演那个女主角。然后我觉得那个机会也蛮好，不如试试看。其实当时并没太在意价钱的问题，就是想试试看，然后就去周星驰那边试镜。

鲁　豫：你在试镜的时候紧张吗？

张柏芝：一点都不紧张。最难忘的就是我在《喜剧之王》里面演一个非常烂的女生，试镜的时候有一场戏我是要抽烟的。通常女生，特别是新人，她们一定是假装自己很乖、不抽烟。周星驰就说："你拿那个笔，假装你在抽烟。"我就说："不行，你给我一根真烟。"然后他给我一根，我就抽了起来，当时周星驰的眼神都变了。他会想这女孩怎么这样，一个新人，那么大胆、坦白，拿起一根烟就抽。我觉得也就是因为那点，他才觉得我应该可以演好那个角色。

鲁　豫：你当时会不会抽烟？

张柏芝：我从 15 岁就开始抽烟。很多人说张柏芝是个玉女，我从来都没有说过我是玉女，我也没有去故意骗人家，说我不抽烟、不喝酒，我根本就是抽烟、喝酒的人，也不介意人家怎么去看我。

鲁　豫：开始跟周星驰演戏会有压力吗？不过你刚才说，你完全都不紧张。

张柏芝：完全不紧张，也没有压力，我还常常发他脾气。

鲁　豫：你发他脾气？

张柏芝：对，我还常常骂他，就是开玩笑的那种。然后片场一些工作人员就觉得，那个新人张柏芝真厉害，但是周星驰对我很好。

鲁　豫：拍完《喜剧之王》之后，你觉得自己对演戏有兴趣吗？有没有发现自己天生应该做一名演员，是可以拍戏的？

张柏芝：对。那部电影之后我就爱上这行了。

鲁　豫：演戏的时候，比如说柏芝你要哭，你立刻能哭出来吗？

张柏芝：如果你现在让我哭，我三秒钟就可以哭出来。我觉得那是上天给我的一些天赋吧。拍那部戏的时候没想到可以变成今天的张柏芝，我只是试试看，去玩玩而已。

《喜剧之王》的成功让张柏芝一下子成为香港媒体的关注焦点，她的名字频繁地在报纸、杂志和电视上曝光，张柏芝随后主演的几部影片也相继获得了不错的票房成绩。在经纪公司的安排下，她又不失时机地进军歌坛，不到两年的时间，张柏芝一跃成为香港娱乐界的小天后。

年轻漂亮的张柏芝入行之后就与多位圈内男艺人先后传出绯闻，而青春偶像陈晓东则是张柏芝当时唯一肯公开的恋人，这段恋情被媒体称为“东芝恋”。

一个年轻漂亮的女明星，她的情感生活永远都是人们津津乐道的话题，张柏芝也不例外，她是一个感情丰富，但也是很容易受伤的人。她看起来有一些忧郁，但是她也很要强，她不愿意让别人看到她不快乐的那一面。

鲁　豫：一般的明星，尤其是香港的明星，会把自己的私生活盖得严严的，一点都不让别人知道，但我觉得你的个性是不介意让别人知道。

张柏芝：对，以前我跟东东公开，我觉得是一件非常开心的事情，我们真的相爱，所以我公开也没有关系。但是公开了之后才发现，公开把我们的感情、我们的关系弄得更糟糕，所以我对自己说，如果我以后有男朋友的话，我一定不会公开。

鲁　豫：为什么你后来觉得，公开让你们的感情被弄得更糟、更坏了？

张柏芝：因为太多人有太多意见，让我们的关系搞得很差，然后发生很多误会。比如说一些媒体会说张柏芝赚很多钱，因为她很红，东东才和她在一起，靠她做宣传……很多难听的话，其实根本就不是真实的。

鲁　豫：当时你承受很大的压力，是吗？

张柏芝：非常大，而且就是因为那种压力让我失去一个非常好的男人。

鲁　豫：如果当时没有公开的话，你觉得感情可能还可以再持续

一段时间，或可能持续很长时间？

张柏芝： 对，如果没有公开，我们现在应该还在一起。

张柏芝与陈晓东的恋情尚未结束，她与谢霆锋的绯闻很快就被媒体曝光。“锋芝恋”一时间成为香港各大报刊娱乐版的头条新闻。

鲁　豫： 你和陈晓东的恋情公开以后，对两个人都造成很大的压力，对感情不太好，但是后来你和谢霆锋的感情还是让大家知道了，那次之后你有没有彻底改变，说我再也不让你们知道了？

张柏芝： 面对媒体的时候我一定不会承认我和谢霆锋恋爱了。

鲁　豫： 但是我们后来还是知道了你和谢霆锋的这段感情是真的。

张柏芝： 我不会承认，因为我已经从上一次学到了经验，所以我不承认和谢霆锋的恋情其实是为了保护我们之间的感情。

张柏芝介入谢霆锋和王菲的“姐弟”恋情一度被香港媒体炒得沸沸扬扬。有关张柏芝陪谢霆锋赴泰国游玩，在腰间刺相爱文身等八卦传闻不时见诸报端，就连两人合作拍摄同一辑广告的消息也被媒体恶炒。这段被媒体肆意涂抹的“三角恋情”，一度让张柏芝身心疲惫。

鲁　豫： 你后来觉得爱错人了吗？

张柏芝： 没有，因为我觉得爱情是没有公平不公平、谁对谁错的，虽然有一些男生真的伤害过我，但是我一点都不介意。每一个男人离开我，我一点都不会伤心。

鲁　豫：不会伤心？

张柏芝：对，我永远都会说一句话：你失去我是你的损失，因为我自己不想去拥有一个不爱我的男人。但是每一次每一个男人跟我分手之后，他们都会说同一句话，就是他们最爱的女人还是我。

鲁　豫：为什么要到分手的时候才说这句话？

张柏芝：男人就是不懂得珍惜，他们永远都是在分手后才发现很难找到一个女生像我这么好。

鲁　豫：那如果他离开你，或者你离开他以后，你会把跟他有关系的一些东西扔掉吗？比如说如果你文了他的名字，会把那个名字去掉吗？

张柏芝：不会。还有就是我每一次拍拖后，我的男朋友现在都是我很好的朋友。其实我是一个很传统的女人，如果我心里面一直爱一个男人的话，我就会一直把他放在我的心里，不会再去拍拖。

鲁　豫：有一段时间你特别瘦，跟感情有关系吗？

张柏芝：跟感情一点关系都没有。是因为杂志，当时我不停地被香港的传媒追踪，然后那些杂志不停地去拍我不好的形象。压力非常大，所以慢慢地瘦了。

鲁　豫：当时你就是一个只有18岁的女孩，刚刚拍了一部戏、唱了几首歌，媒体能写一些什么呢？

张柏芝：写我的声音很难听；从出道到现在，我赚很多钱，他们会写我不停地花钱，不停地买房子；有段时间说我经济有问题，然后就说我把车很便宜地卖给人家。其实我的车一直都在，所以有时候报道是乱写。但我的心态就是：随便他们，他们要写什么都没关系。我跟自己说，最清楚张柏芝的人就是张柏芝，我知道我是一个怎么样的人，所以并不介意人家怎么看我。我觉得自己做的事情没有伤害别人，自己享受自己的人生就够了。所以即使我被媒体写得很不好，我也没觉得太难过，只是有时候会有一些压力。

鲁　豫：张柏芝说自己是一个很随意的，喜欢自然的人。我们在采访的时候，她一会儿盘腿而坐，一会儿把脚搭在椅背上，反正怎么舒服怎么坐。她说话的时候也很随意，没有什么顾虑，倒是她的助手在旁边显得很紧张的样子，因为他们很担心会给柏芝带来一些不必要的麻烦。倒是柏芝自己很坚持，也特别认真地问："我为什么不可以这么说？"那一刻，我觉得柏芝真的是一个很率性、很可爱的女孩子。

张柏芝日渐上升的知名度使得她成为香港八卦媒体的宠儿。在狗仔队 24 小时的追踪之下，有关她的负面新闻也是越来越多。

鲁　豫：你刚才说，报纸上曾经说你经济上有一些困难，而你说没有的事情，是不是因为报纸经常会拍到你去买什么东西又花了什么钱之类的？

张柏芝：其实观众一定要明白，我们是艺人，是明星，我们一定要带动潮流。我们的衣服，所有的东西都一定很有型、很时髦。我经常买衣服，但是鲁豫你知道买衣服能用多少钱？我拍戏赚很多钱，我不相信就只是 Shopping 就会把我的钱都花光。

鲁　豫：钱对你来说是很大的压力吗？

张柏芝：我房子好多，车子也好多。

鲁　豫：为什么要买那么多房子、车子呢？

张柏芝：我责任太多了，我爸要一个房子。有时候自己工作压力很大，也需要一个私人的空间，所以另外买一个房子给自己。因为我妈跟我爸离婚，也要买一个房子给我妈。我家人每一个人都要开车，有很多车。所以钱也是蛮重要的。

鲁　豫：万一要是支撑不住了怎么办？想过这个问题吗？

张柏芝：没有，我计划得非常好。房子可以自己住，可以租给人家住，卖出去也可以。每一次工作的一部分钱，我都会放进银行做定期，好几年不拿出来。所以我会规划着自己怎么用钱，钱应该是够用的。

虽然身处是非不断的娱乐圈，张柏芝还是全身心地投入工作。2002 年 1 月 4 日，张柏芝接受香港无线电视台的邀请，在一场慈善晚会中做危险程度颇高的“飞车表演”，结果在落地时出现意外。飞车意外几乎给张柏芝的演艺生涯画上了句号。然而非常幸运的是，张柏芝不但没有伤及要害，而且在很短的时间内恢复了健康。回忆起当年的这起意外，张柏芝说自己最担心的还是她的家人。

张柏芝：其实飞车那一次压力非常大，但是很多工作人员已经准备好了，什么都准备好了，我不能说我不飞了，所以那个时候我只能

告诉自己一定要表演好。一开机的时候我就把车开得很快，上面有一个非常高的台，车开上去飞过五台车的距离，然后落地。大约落地的时候我就感觉到我已经受伤了，然后告诉自己，不管怎么样，下车后一定要给大家一个胜利的手势。但是到我落地的时候，我根本就不能动了。我当时只可以拿我的脚去按住那个刹车的地方，挡也不能推进，汗不停地流，然后我就感觉很痛。当有医护人员来抬我出去的时候，我妈就哭得很厉害。我觉得有很多人关心我，很多人来看我。“哥哥”张国荣也来医院探我，他给我一个玉的挂件，本来是一直跟着哥哥保他平安的东西，他让我一定要好好保管它。那时候我觉得很感动，就好好地保管它，每天都戴着它。当哥哥出事走了之后，我很伤心，我甚至想是不是因为哥哥保平安的那个东西离开了他，没有在保护他，所以他才会发生那个事情？所以这个东西，我一辈子都会保管它，我一定会非常珍惜、永远戴着它。

鲁　豫：我记得那次受伤之后，你好像没过多久就恢复工作了。

张柏芝：对，因为我家庭压力太大，我的那个房子、车子，全都是要花很多钱，所以我能工作的话我就要马上出来，不能够停太久。

鲁　豫：那你身体受得了吗？

张柏芝：受得了，我常常觉得年轻的时候多辛苦一点也没关系，老的时候就没有那个能力和体力了。

鲁　豫：那时候会觉得委屈吗？都受伤了，也不能好好休息，还有这么大的压力，还有这么多事情要去做。

张柏芝：没有，因为我一想到我的家人，我就不会想到那些东西。

鲁　豫：从18岁到现在，一直都这么照顾你的家人吗？

张柏芝：对，因为我觉得只有这样才让我活得开心。不管我在外面工作多长时间，20多个小时，30多个小时。每一天都有通告，但每一天我都不会不开心，因为我想到我的家人过得很舒服，我就很满足。

鲁　豫：我记得你曾经说过你要在28岁以前生孩子？

张柏芝：26岁恋爱，28岁结婚，30岁之前生小孩。

鲁　豫：你自己是香港演艺圈的人，有时候你会不会恨这个演艺圈？

张柏芝：我不会恨，因为它给我很多钱，它让我照顾到我的家人，所以我不会恨它，但是有一天我一定会离开它。

鲁　豫：你很会照顾人，你会是一个贤妻良母。

张柏芝：谢谢。因为我觉得照顾别人，看到他们开心，自己也觉得是非常快乐的，我最享受那种感觉。

鲁　豫：但你现在会不会下决心以后要先照顾好自己？

张柏芝：我现在为什么活得那么开心，就是我把自己照顾得非常好。

张柏芝说，她的理想就是结婚、生孩子，在30岁的时候离开娱乐圈。我想她内心应该是挺矛盾的，因为她说自己是真的喜欢演戏、唱歌，但是她也很受不了娱乐圈的复杂。面对这么一个女孩子，我想我们只能祝福她，祝福她好好地保护自己，一步步地实现自己的计划。

“觉得自己不论个性、做人、处世，事事真、简单、舒服、不记仇，最讨厌不真的事情。因为自己的个性很直，在刚入行的时候难免会得罪一些人，但是无论如何，这样的个性可能一辈子都不会变。如果有改变，那也只是随着年龄的增长处理问题的方式不同，此外我也绝对不会记仇，因为只有不记仇的人才会有成功的机会。”

1998年，张柏芝被周星驰发掘，成为电影《喜剧之王》的女主角，由此一炮而红。2000年，凭借电影《星愿》，张柏芝获得第19届香港电影金像奖最佳新演员奖。2004，凭借电影《忘不了》，张柏芝又获得第23届香港电影金像奖最佳女主角奖。据香港影视业调查报告，她已成为香港电影市场最卖座的女演员。

赵薇　最佳女主角

Zhao Wei

赵薇原本是一个名不见经传的北京电影学院的女学生，因为一部琼瑶原著改编的电视剧《还珠格格》，突然红透半边天，成为万千影迷的偶像。赵薇与电影结缘于谢晋开办的上海恒通影视明星学校。在荧屏上塑造了一系列言情剧女主角后，赵薇也开始往歌坛和大银幕发展。虽然经历了不少争议，数次成为媒体旋涡的中心人物和“话题女王”，但她所取得的成绩和进步却有目共睹。这些年的磨砺，也使她身上多出一份淡泊和从容。

鲁　豫：我问过不少人，我说你们心目中赵薇是什么样子？几乎每个人的答案都会不一样。我想有多少个人，我们心里面就会有多少个赵薇。

在中国娱乐圈，赵薇是一个奇迹，奇迹般地一夜成名，奇迹般地脱胎换骨，奇迹般地走过了9年的时间，依然维持着居高不下的人气。在公众眼中，她是《还珠格格》中活泼可爱的小燕子，但是她用《京华烟云》中聪慧、宽容、坚毅的姚木兰颠覆了我们的认知；在公众眼中，她大脑简单、热烈、疯癫，但是她说自己性喜淡泊，最爱看的是哲学书籍；在公众眼中，她麻烦不断、叛逆不羁，但是她说自己其实是一个很传统的人。于是她在2002年向所在的中影集团递交了入党申请书，在2006年考上了研究生。真实的赵薇与我们所以为的赵薇

究竟有多少差距？她还将带给我们多少出乎意料？

鲁　豫：考试难吗？

赵　薇：挺难的，因为是全国统考，考的人很多，但是这个专业招的人很少，只招五个人。

鲁　豫：你真的有时间去听课吗？

赵　薇：应该有吧，因为是修学分的，就是在三年内我要修多少学分才可以拿毕业证，不过有时候我可以不去听课。

在考上研究生之前，赵薇已经在电影《绿茶》中过了一把研究生的瘾。在这部被称为是赵薇转型之作的电影中，赵薇带来了她造型上的改变，以及同时对于两个不同角色的精彩演绎。她在电影中饰演了一个精神分裂的女人，一面是成熟稳重、少言寡语、缺乏激情的知识女性，一面又是一个神神秘秘、轻浮放荡、娇艳欲滴的陪酒小姐。这种变化或许会让一切熟悉赵薇的人目瞪口呆。一半是海水，另一半是火焰，这种变化视觉和知觉的技法会让一些急于下结论的看客吃惊。套装、眼镜、苍白无味的脸，低胸短衣、酒瓶、唇印、暧昧而放肆的眼神，对你的分析与判断能力也绝对会是一个不小的考验。

鲁　豫：我看过你在电影《绿茶》里面的表演，演一个研究生，是吧？

赵　薇：对，一个精神分裂的研究生。一个挺小资的人物和一个陪酒小姐，两种角色。我挺喜欢里面研究生那个造型的。

鲁　豫：我觉得你在《绿茶》中研究生的造型很好，你平时都不怎么露出你的额头的，但在《绿茶》里面完全就是露了额头，戴一个大眼镜，我觉得很有知性的美。

赵　薇：我额头比较大，所以我很少让额头完全露出来，但是拍《绿茶》的时候，里面的造型就是要把额头全露出来，还好摄影师技术非常了得，拍出来的效果很好，不会显得我额头大。

鲁　豫：脑门大的人聪明。

赵　薇：他们也是这么安慰我的，说我有智慧的大脑门。

1976年，安徽芜湖赵氏家族新添了一名女丁，她的爸爸用“完美”来形容这个女孩子的容貌，她就是日后大红大紫的赵薇。

鲁　豫：你从生下来眼睛就这么大吗?

赵　薇：还好，我小时候比较胖，没显出来我的眼睛大。

鲁　豫：我知道小孩子刚出生的时候眼睛是眯着的，你是不是一生下来就瞪着大眼睛?

赵　薇：没有，没有。考虑到我还是比较孝顺的，怕吓着我爸妈，所以我还是闭着眼睛出来的。

在大多数人的观念中，漂亮的女孩子最喜欢的事情都关乎风花雪月，但是儿时的赵薇完全不按常理出牌。她长得漂亮，像男孩子一样淘气；她胆大包天，敢于展示自己的特长。在父母的宠爱下，赵薇的童年生活可以用肆无忌惮来形容，玩得浑身上下脏兮兮，或者跌得满头包回家是常有的事情。而且这样一个漂亮的女孩子居然还是一个打架高手，常常会把欺负她的男同学打到告饶为止。赵薇这种淘气的个性，到了上学的时候更是被发扬光大，常常会迟交作业，考试又考得一塌糊涂，老师会找她麻烦。于是，每次因为父亲的工作调动而转学的时候，就是赵薇最开心的时候。

鲁　豫：你说你小时候转过很多学校，是你自己要转学还是被赶走的？

赵　薇：都有。有时候是家里搬家，还有就是在一些学校实在是待不下去了。

鲁　豫：为什么说实在待不下去了？

赵　薇：家长都希望孩子上重点小学，但是重点小学对学生很严格，像我这种在普通小学待习惯的孩子在重点小学里就待不下去。所以有时候是我实在念不下去了就要转到普通学校去，因为老师太严格了。

鲁　豫：你真的像他们说的那样，小时候到处打打闹闹的，上房、爬树，有这么夸张吗？

赵　薇：哎呀，我真的不好意思说这个事情。嗯……有一点点吧。

鲁　豫：有一点点？

赵　薇：对，挺严重的。

鲁　豫：有一点点，挺严重的。大家琢磨一下她说的话吧。你小时候都喜欢玩什么？

赵　薇：就是喜欢玩，小时候的理想就是想出去看看外面的世界。那时候还很小呢，别的孩子还都是由爸爸妈妈送着上学呢，我就想着我什么时候能离开这个家。

鲁　豫：你想去哪儿？

赵　薇：我也不知道，反正就是想离家出走。有时候我就跟我妈抱怨："我什么时候才能离开这个家？"我妈就很不明白，说："你这个小孩是怎么回事啊？你在家很幸福，我们又没虐待你，你怎么这么小就想着要离开家呢？"

鲁　豫：那你有没有离家出走的经验？

赵　薇：有过这种冲动的想法，但是最终还是没实施。

鲁　豫：我记得我小的时候就经常吵着要离家出走，然后就抱着枕头在床上打滚，说我要走了，我要走了。你是不是也这样子？

赵　薇：我有一次是写过一封信，就说我要离家出走，然后把信放在桌子上我就走了，但是在外面玩了一圈感觉很无聊就又回家了，到家里看到信还没被爸妈发现呢，我就赶紧收起来了。也算是一次失败的离家出走吧。

漂亮的女孩子难免早熟，但是赵薇显然又是一个例外，她甚至对于自己容貌上的优势也毫无察觉，反应颇为迟钝。

鲁　豫：你小时候对自己的容貌有意识吗？觉得自己很可爱、很漂亮吗？

赵　薇：不太在意，我小时候不在意自己长得漂不漂亮，因为我生活的重点都在玩上了，我每天都是忙忙碌碌的。所以没工夫去琢磨自己的长相是不是很可爱。

鲁　豫：你周围的人没有给你一些信息吗？比如你邻居呀、亲戚呀，他们会不会告诉你，你长得很漂亮？

赵　薇：我觉得人家那都是客气话，比如说谁到我家来了见到我说，哎呀，这小姑娘真可爱。我妈妈见了别人家的小孩子也会夸他们长得好看、可爱。我觉得这都是客气话，总不能见了一个小孩就说“这谁家的孩子那么丑”吧？所以，有一些人说我可爱，我觉得这是正常的，并没有觉得那是真的在夸我。

鲁　豫：每个小孩子都会有一个突然的转变，就是突然有一天感觉自己长成大孩子了。你有吗？

赵　薇：有，我到十几岁的时候，就是上初三的时候就突然有一种醍醐灌顶的感觉：“哦，我是大孩子了。”就是从小朋友过渡成女孩了。因为在此之前我所有的同学都把我当男孩子，和他们打架他们也会还手，到了初三的时候他们就把我当成女生了。

鲁　豫：是不是开始意识到别人看你的眼神不一样了？自己在外表、心理上是不是也意识到自己已经是一个温柔的女性了？

赵　薇：那是别人的变化大。以前我和男孩子打架他们会还手，现在他们不还手了，我看得出来他们是把我当女孩子对待了。也许是那时候我们班的男孩子都变得比较男性了，倒不是因为我变得比较女性。

鲁　豫：你那时候是校花吗？

赵　薇：应该不是我吧，校花都是学校里面比较早熟的一些女生，晚熟的好像不大能称作校花。我不太了解，没有人告诉过我。

鲁　豫：没有人给你写过情书吗？

赵　薇：有的。

鲁　豫：多吗？是不是你表现得很骄傲不去理他们？

赵　薇：我是很想理他们的，可是我初三一毕业就去读师范了，到师范学校一看，清一色都是女的。全校就是没看见男的，除了老师。人家说豆蔻年华、情窦初开，对我来说啥也没有，最好的时光里每天面对的都是一群女生，全都是清汤挂面的女生在一起。

在赵薇成长为少女的90年代初期，不少港台明星开始抢占内地市场，带来了演员、歌手明星化的转变。这一时期几乎每一位少男少女都有自己心仪的偶像，都开始做起了明星梦，但是偏偏是日后走上了这条道路的赵薇依然没心没肺地生活着，陶醉在自己的世界里。

鲁　豫：你从小就有表演欲吗？

赵　薇：没有，恰巧相反。

鲁　豫：发现人有的时候就是这样，我小时候就很有表演欲，但现在没有当演员，你说你小时候没有表演欲，你现在却是很好的演员。

赵　薇：我小时候最讨厌的就是拍照片，反倒是现在拍的照片比谁的都多；小时候讨厌上舞蹈课，有时候上课趁老师一不注意我就跑了，但是现在却要做很多和跳舞有关的事情。就是这样。

鲁　豫：你没有显示出一些唱歌、跳舞的天赋吗？

赵　薇：我觉得即使有什么天赋也展现不出来，因为小时候我虽然调皮，但是我内心其实是很羞涩的一个女孩。

鲁　豫：你那时候喜欢看电影或者是听歌吗？

赵　薇：喜欢听音乐，喜欢看书。看电影、电视很少。

鲁　豫：那时候你有崇拜的偶像吗？

赵　薇：几乎没有，我那时候就觉得黄日华看着挺顺眼的。

鲁　豫：那时候不是崇拜黄日华的年代了吧？

赵　薇：不是了。黄日华演郭靖的时候，我觉得他很像我哥哥，现在黄日华老了不像以前演戏的时候那么瘦，那么年轻。但是当时黄日华年轻的时候真的和我哥哥赵剑长得一模一样，所以我看到他就感觉比较有亲切感，他是我那时候唯一喜欢的一个明星。

每个人都会经历一段非常痛苦的青春期，赵薇也不例外。她在青春期遭遇了一次脱胎换骨的变化，从一名顽皮的女生变成了忧郁少女。这个阶段她遭遇了人生的第一次重要转折。

1993年1月，黄蜀芹执导的电影《画魂》来芜湖拍摄外景，在当地招募群众演员。当时16岁的赵薇在其中出演了一个小角色，这次短暂的触电让她确定了未来要走的路。《画魂》拍完后，赵薇离开当时就读的芜湖师范，报名加入了上海谢晋恒通明星艺术学校，在这里她第一次体会到了孤独、迷茫的感觉。

鲁　豫：当时怎么突然想到要去考一个影视学校？

赵　薇：这和我妈妈有很大的关系，因为我妈妈是一个非常爱好文艺的女性。

鲁　豫：文艺女青年。

赵　薇：对，她很爱唱歌，而且有很好的唱歌天赋，她一直觉得自己应该去唱歌的，但是她后来做了老师。

鲁　豫：你妈妈是唱美声还是唱通俗的歌曲？

赵　薇：应该算是民族的吧。我当时有想法要去考艺术类学校的时候，我妈妈在心理上是很支持我的。

鲁　豫：是你的爸妈送你去学校的还是你自己坐火车去的？

赵　薇：我的爸妈送我去的。我记得那时候我很高兴，但是我爸妈却哭了。

鲁　豫：舍不得你一个小女孩那么远去求学？

赵　薇：对。后来我妈妈跟我说，把我送到学校后，我爸爸是一路哭着回家的。那时候我还装着很伤感的样子，要不然觉得自己太没良心了，自己要走了，爸妈那么难过，我总不能表现出很兴奋、很高兴的样子吧？但是我那时候确实心里很高兴，我心想我是去念书又不是做坏事，他们哭什么呢，有什么好担心的？

鲁　豫：做父母的当然没有你这种心态了。你一个人在上海读书的时候有没有感觉过孤独?

赵　薇：有。我生日的时候自己就趴在被子里哭，其实是为了引起大家的注意。然后同宿舍的就会问我："赵薇，你怎么了？哭什么呀？"我再告诉她们今天是我生日。

鲁　豫：这一招挺好。

赵　薇：我虽然是真干了这样的事，其实我是发自内心的难受，毕竟也是第一次离开家，然后生日的时候自己不提醒也没有人知道，想到以前在家的时候还会为生日蛋糕的大小批评我爸爸。现在到学校根本就没人理我了，我就哭，哭到有人注意了，然后给我买蛋糕过生日。

鲁　豫：第二年就不用再哭了吧?

赵　薇：第二年我就毕业了。

在上海谢晋恒通明星艺术学校，赵薇度过了自己一生中最不快乐的两年，主要原因是在艺术学校里赵薇逐渐丢失了自己童年无忧无虑的生活。特别是一个人离家去远方读书，没有亲人和朋友的陪伴，赵薇逐渐感到自己性格趋于自闭。

鲁　豫：我觉得你在上艺术学校的时候，刚好是在你十五六岁最敏感、最多愁善感的时候，那时候身处艺术生的周围有没有感觉自己有一点点的不自信?

赵　薇：不是有一点点，是很不自信。我那时候就感觉周围的同学很漂亮、很有才华，而自己不够漂亮，所以很自卑。

鲁　豫：为什么会有这样的想法呢？

赵　薇：因为那个学校只是一个艺术学校，又不是大学，很没有安全感。而且我也是刚刚换了一个环境，可能我骨子里还是有很多比较传统的东西，所以我后来才要去考研究生，这样我才会有安全感。

鲁　豫：以前一起读书的同学现在还有联系吗？

赵　薇：有，而且有很多现在都是很好的朋友。

鲁　豫：你那个时候胖吗？好像女孩子在那个年龄都有一个婴儿肥的时期。

赵　薇：胖，那时候很胖。

鲁　豫：可是做演员都要很瘦才行，你后来减肥吗？

赵　薇：那时候有一个导演说我将来只能演小孩，就说我很胖嘛，然后我就很伤心。当时刚好演一部戏，我在里面的角色就很胖，所以不用我去减肥。

鲁　豫：那时候是拍的什么片子？

赵　薇：《女儿谷》。从来不会有人将《女儿谷》中的女主角与赵薇的形象联系起来。当时赵薇还不到20岁，刚刚学了一年的表演课程，而这位女主角已经30多岁而且结了婚，还因为生活所迫走上了犯罪道路。电影《女儿谷》是赵薇在上海谢晋恒通艺术学校毕业时的毕业作品，也是赵薇正式的电影处女作，这一次的锻炼让赵薇初步显示出了一个演员把握反差角色的能力。

赵　薇：我看到以前拍的电影，突然觉得成名其实挺不容易的。就像是我拍《女儿谷》时我那么胖，想藏起来不让大家看见都藏不住。

鲁　豫：电影不就是这样吗？你得用发展的眼光去看你过去的形象。

赵　薇：那时候真的是太胖了，太恐怖了。

鲁　豫：我看你在《画魂》里的造型，就觉得你非常可爱。

赵　薇：这个我得说明一下，拍《画魂》的时候我还在师范学校上学呢，那时是做群众演员，是我们老师组织去的，里面的女孩子都是我们师范学校的。

鲁　豫：那也得挑几个比较好点的吧？我觉得你在里面虽然没有台词，但是看起来还挺有戏的，好像内心有很多的台词一样。

赵　薇：没有，那时候根本不知道是去干什么，老师带着去我们就去了。其实那时候连什么时间开机都不知道，我们就在那儿跪着，然后听到叫我们起来了我们再起来。当时我们演的是一群旧社会的妓女，我们也不知道，他们也没对我们说，反正就只有一个镜头也没有台词。

鲁　豫：当时真实地见到拍戏的现场，感觉自己对演戏感兴趣吗？

赵　薇：没有，就是感觉很好玩，因为那些群众演员都是我们学校的，就感觉很多人一起很热闹。

鲁　豫：《画魂》里面的女主角是巩俐，那时候你知道巩俐是谁吗？

赵　薇：知道，那时候她就很有名了。

鲁　豫：兴奋吗？和这么有名气的人一起演戏？

赵　薇：兴奋，我记得那时候我好像还找她签了名。

鲁　豫：这次是你第一次出镜，片酬是多少还记得吗？

赵　薇：这个问题把我难住了，好像是几十块钱一天，不会超过50块。

鲁　豫：那也挺好的。

赵　薇：简直是太好了，你想学生那时候一天可以赚几十块钱就不得了了。那时候我读的是师范嘛，每个月学校还给补助30块钱，就等于我每月只有30块钱的零花钱，拍戏一天就给几十块钱，所以觉得很高兴。

鲁　豫：赚的钱拿来做什么了？

赵　薇：嘿，全买东西吃了呗！

有过几次触电经历的赵薇，在上海谢晋恒通明星艺术学校毕业后，有了继续求学的念头。

鲁　豫：在那个时候有没有想过，将来做演员的道路也许并不会很顺利？

赵　薇：不是会想到不顺利，是会想到没前途。因为我当时很胖，然后觉得各方面也并没有说是到了一种无人可及的地步，你的表演有待提高，你的身材有待调整，很多方面你都处于一种不具备接受机遇的条件。然后你继续演戏下去，这个结果可想而知，所以我决定还是做一个知识分子。

鲁　豫：一定要考上大学，才有做知识分子的前提，是吧？

赵　薇：对，如果不能成为一个出色或者知名的演员，至少要当

你回答得有多好，他们要看综合素质，看看有没有可以挖掘的潜质。所以后来我看到我们班的同学还是那种走朴实路线的比较多。

鲁　豫：你把自己也归于朴实路线吗？

赵　薇：是。

鲁　豫：你当时去考的时候自己有多少把握？

赵　薇：也没想过，就是尽全力地去考。就像我考研究生一样，尽我最大的努力，没有想以后会怎么样，反正我尽力就对了。

鲁　豫：你有没有想过如果考不上的话会去干吗？

赵　薇：那就继续拍戏吧。

鲁　豫：你那时候片约多吗？

赵　薇：还挺多的。

鲁　豫：都是些什么角色？

赵　薇：其实我还算很幸运，我经常会演一些主角，演配角的机会很少。而且就是因为我演了一部戏的主角我才想去考大学的。

鲁　豫：演完了一个长篇的电视剧的女主角之后你感觉空虚，所以才去考大学？才演一部戏就空虚啊？

赵　薇：演一部戏的主角还没成名的话，我就感觉会寂寞致死。因为我没有那种从小角色慢慢地转变成大角色的过程，一开始我就演主角但是没成名，所以我就觉得人生少点什么。后来一思考，发现自己念的书太少了，所以才决定去考大学继续念书。

在北京电影学院上学期间，赵薇最令老师津津乐道的是她优秀的专业成绩和生活中时常会犯的小迷糊。赵薇所在的96级表演班，虽然被赵薇形容为朴实路线，但是那是一届人才辈出的明星班，陈坤、郭晓冬、何琳、黄晓明、刘孜等都是赵薇的同班同学。尽管高手如云，赵薇依然是班级中最引人注目的学生。

崔新琴：她确实具备了一些做演员的潜质，她入学的时候专业成绩是第一名，后来她在班里的表演成绩也确实很好。如果我们给她打分，比如说应该能打95分，但是实际上她得的分却比这个分数要低，主要就是因为她老是犯一些小迷糊。不是今天迟到，就是明天不借道具。如果不是扣掉她这些小麻烦的分，她实际得的分将更高。反正她就是经常会给你惹一些小麻烦。

鲁　豫：在北京电影学院学习四年，你的专业课怎么样？

赵　薇：我是以全国第一名的专业成绩考进去的。

鲁　豫：后来在班里的成绩怎么样？

赵　薇：在班里成绩很好，一直是前三名。

鲁　豫：你是班长或者学习委员什么的吗？

赵　薇：哎哟，这种事情老师哪敢给我做啊？每次我们班里有什么集体活动，比如说大扫除或者组织去哪里拔草啊什么的，老师每次都得专门叮嘱我不要迟到。但是每次我们班要交作业、交小品的时候，老师都觉得我写得很好，有时候我们班要出五个小品节目，其中三个都是我的作业。

鲁　豫：你是属于专业很好但生活中常犯一些小迷糊的学生？

赵　薇：对。我觉得专业好就行了，别的地方都记得那么清楚多累啊！该好就好、不该好的地方也不要让自己那么辛苦去记就对了。

鲁　豫：所以你天生就是一个迷迷糊糊的小孩子，是吗？比方说你会经常迟到？

赵　薇：我那个时候非常幼稚。就是我在上大学之前，不是在社会上工作过一年吗？我觉得自己不是那么纯洁了，觉得其他小孩都是从小学、中学然后考进大学，就像一张白纸一样，而我已经在社会上磨炼一年了。所以我对自己发誓说，上了大学以后我一定要做一个纯洁的小孩，再也不撒谎了。我现在想想真是太愚蠢了，也不能说是愚蠢，应该说是太幼稚了。

鲁　豫：为什么这么说呢？

赵　薇：我给自己发誓，到大学以后要把自己以前在社会上的坏习气都丢掉，发誓不再撒谎，但是我做不到。后来上课迟到老师问我为什么迟到，我就说，我拉肚子；我钥匙忘了拿了；我在等汉堡包，我把它放微波炉里加热它老是不热……我就这样给自己找理由，撒谎。然后老师听我这么说就很生气，说我这个学生有问题，说我是故意气他。

鲁　豫：主要是老师觉得你语气不够真诚。

赵　薇：我语气一直是这样的，像崔新琴老师就觉得我脑子有点问题，但是我们老师都很喜欢我。

曾经是“问题儿童”，今天是成功榜样；曾经青涩无助，今天从

容淡定；坦率、真诚是她的标志；流言、非议让她愈挫愈勇。风雨过后，她依然傲视群芳。

在北京电影学院上学期间，赵薇拍摄了一部反映“北漂”生活的电视剧《姐姐妹妹闯北京》。这部电视剧让赵薇开始小有名气，同时也引起了《还珠格格》制片人的注意，不过因为受到赵薇之前所塑造人物形象的假象所迷惑，琼瑶最初安排给赵薇的角色竟是知书达理、温婉可人的紫薇格格。

崔新琴：1997年《还珠格格》剧组来挑人的时候，确定是让赵薇演紫薇。我说我先看看剧本怎么样，然后全部看完以后我就告诉赵薇不能去。她问为什么，我说：“这个戏不适合你，你不可能去演这种戏。”她说她特别想演这个戏，我就说：“你要想演就只有一个角色，就小燕子比较适合你。”她说：“不可能了，人家琼瑶早就定别人了。”我说：“那你就别去了。”大概有那么一两个月以后，她突然风风火火地跑来找我说：“崔老师你说话算话不算话？”我说：“怎么不算话？”她说：“你是不是曾经说过，如果我演小燕子你就让我走？”我说：“对呀！”然后她就真的去了。

鲁　豫：可能当年所有人在拍这部戏的时候都没想到这部戏会红，因为当时我采访过张铁林，他说那时候根本想不到这部戏出来以后这么受欢迎。

赵　薇：是呀，而且我觉得我演得特别不好。

鲁　豫：为什么？

赵　薇：我们那时候学表演讲究的是内敛，表现的是一些比较深刻的东西。从专业的角度看“小燕子”这个角色就很肤浅，完全不符合表演的那种体系，我甚至觉得这种风格我自己都没法接受。然后演的时候有一些教授之类的也接受不了，因为我演得跟传统的表演体系是大相径庭。

鲁　豫：我发现你们崔老师很好，她就很支持你去演这个角色。

赵　薇：不，是有代价的。当时我正好是一年级刚念完嘛，有个汇报演出，里面有五个小品，其中有三个都需要我来演，崔老师就威胁我说如果我演砸了的话，就不让我去拍《还珠格格》。然后我把汇报演出演得很好，她才让我去的。

鲁　豫：你当时想去演这个戏吗？

赵　薇：想啊，因为是琼瑶的戏，还有一个就是因为我觉得“小燕子”这个角色很可爱。

鲁　豫：琼瑶的戏里台词特别多，你当时是现场配声还是后期配的声音？

赵　薇：都是现场配声的。

鲁　豫：那么多你怎么记得住啊？

赵　薇：就是硬背啊！有时候现场表现不好的话要拍很多遍，也有演得好就一遍过，通常不会超过三遍。

鲁　豫：你的记忆力很好吗？

赵　薇：我只记一个大概，琼瑶的戏有一个特点，琼瑶老师不准人去改动她的台词，但是有时候我会漏说一个字、两个字的，她也听

不出来，所以一些台词不用那么去死记硬背。

鲁　豫：那是，你以为那么多的台词她每一句都能记得那么清楚啊？

赵　薇：但是后来拍第二部的时候她就发现了，她说赵薇你在改台词对不对？你好像漏了几个字又加了几个别的什么字。

鲁　豫：这么严啊！

赵　薇：后来她还是默许了，因为她觉得听起来还是很流畅。但是有时候，尤其是演有文化的角色就不能改她的词了，她的词都是那种排比句，一层一层地推上去的，你一改她就听出来了。

琼瑶是一位著名的言情小说家，同时也是一个优秀的造星大师，台湾不少知名艺人都是因为出演琼瑶戏而成名。从20世纪70年代的林青霞、秦汉、刘雪华，到80年代的马景涛、萧蔷、陈德容，毫不夸张地说，琼瑶是台湾演艺界的明星之母。到了90年代，赵薇幸运地成为下一个琼瑶女郎，但是在赵薇获得琼瑶垂青的同时，也不可避免要接受她的严厉。当观众看到小燕子以口无遮拦、天马行空的姿态标新立异于荧屏时，很少有人会想到当初在拍摄这部戏的时候，赵薇与小燕子却是截然不同的两个人。

鲁　豫：你那个时候的状态和"小燕子"反差很大？

赵　薇：主要是那时候每天都很忧郁，很害怕。

鲁　豫：你害怕什么呢？

赵　薇：怕他们不让我演啊，我不知道林心如有没有讲过，就是《还珠格格》一开拍的时候要把林心如换掉，说她演得有点问题，我那时候就想，把她换掉了是不是也要把我给换掉？

鲁　豫：你想得可真多啊！

赵　薇：因为我们俩合作演嘛，我就想是不是他们干脆把我们俩都换了。可是后来消息又说把林心如换掉了，我可以留下。那还是很难过，和林心如一起拍了这些天的戏，现在她要走了，很难过。我记得那时候我还请她吃了北京烤鸭，我们俩人还在天安门前合了一张影，然后以为就此挥别了。结果琼瑶老师多看了几遍以后，让林心如接着演了。

鲁　豫：如果拍了几天换人了，可能对于年轻人来说自尊心都会受到影响。

赵　薇：对对对，所以后来也是给了我们年轻人机会，毕竟大家都是小朋友嘛，需要磨炼一段时间。然后林心如就留下来，我们又很开心地在一起继续拍戏了。

鲁　豫：所以那时候你很害怕会把你换掉，或者不让你拍了。

赵　薇：对呀，当时就是随时都有可能被换掉。所以大家看到戏里那么热闹，其实下了戏我们都很老实，有一些小小的担心和忧虑的。

鲁　豫：这个是很正常的，可能每个演员都会经历起步阶段。

赵　薇：对呀，你要被人挑选，你没有选择权，那是很无助的，只能等着别人来挑选你，所以有时候会有那种害怕的感觉。

鲁　豫：那时候你有没有想过这部戏将来会有多高的收视率？

赵　薇：没有想过。可能越是想它怎么样它越不会怎么样，你越是不怎么在意它反而会有一个意想不到的效果。当然，不经意也不代表着不认真。

鲁　豫：那总会有感觉吧？比如说我这档《鲁豫有约》播出后会有什么效果，我应该有一个大概的判断。你们在拍的时候，有没有一个判断呢？

赵　薇：我演的时候就是没有这些感觉，倒是后来结束的时候，有一些工作人员给我打电话说："哎呀，剪辑师傅把你们的戏剪出来了，都一直在笑呢，觉得是很好看的一部戏。"我说："是吗？哦，谢谢！"因为我没有任何东西借鉴，比如说《鲁豫有约》，你做过很多期，所以这一期出来会有什么效果你心里有个底，但是你第一次做《鲁豫有约》的时候你心里对预期的效果就没有什么底了。所以说啊，《还珠格格》没出来，我没有什么参照，还是不知道它出来会有个什么样的效果。

鲁　豫：所以拍完之后你们又去天安门照了张相。哈哈！

赵　薇：对呀，拍完以后就此挥别，然后我又回到学校上课，渐渐地就忘了这部戏了。

鲁　豫：什么时候放，以为和你们也没有关系了？

赵　薇：是啊，台湾先放的，过来半年内地才放。那个时候崔老师还老是抱怨我说，叫你去拍戏有一两个月的课你也没上，拍完了内地还迟迟不放。

在专业人士的眼里，《还珠格格》这部电视剧实在算不上精品，但是它却意外地火遍了全亚洲；在专业人士眼里，小燕子这个角色实在是过于幼稚，但是她却意外地让赵薇一夜成名，成为海内第一批足以与香港、台湾甚至日韩明星抗衡的青春偶像。

赵薇旺盛的人气令人侧目，一些颇有远见卓识的媒体，在世纪之交的2000年推出了一个至今没有过时的娱乐名词，将以演技闻名的周迅、以青春著称的徐静蕾、以幸运踏上国际舞台的章子怡和赵薇并称为“四小花旦”。

鲁　豫：你从什么时候开始意识到自己红了?

赵　薇：我是从我们电影学院的那个收邮件的老大爷那里知道的，他投诉我。

鲁　豫：是不是有一堆一堆的信件?

赵　薇：何止是一堆啊，一房间的信件。

鲁　豫：那个时候是1997年、1998年，还流行寄信呢。

赵　薇：对，然后我们学校还有个规矩，传达室的人要在收到信后把写信人的地址给抄到一个条上，因为写给我的信件太多了，后来老大爷抄得实在是受不了了，就把我叫到传达室臭骂了一顿：“全都给我搬走！”就这样，然后我和我们班同学一起，左一麻袋、右一麻袋地拎回房间。

鲁　豫：你送老大爷一个签名照片让他送小孙女，他就不生气了。

赵　薇：老大爷挺好的，因为他太认真，那么多的信他还一件一件地抄地址。所以后来他当然生气了，整天没完没了的。

鲁　豫：你自己觉得变化突然吗？前一天还是那样，这一天就变成另外一个赵薇了。

赵　薇：其实也不是，因为《还珠格格》先是在台湾、香港播出的，内地是半年后才播的，我那时候知道我在那边已经很红了，但是内地这边都不知道我。这半年里我就不停地收到很多信，泰国的也有，越南的也有。

鲁　豫：你在内地走红之后，你还敢上街吗？

赵　薇：该干吗还是干吗，没有那么夸张。但是有一段时间是不能出门。

鲁　豫：出门会怎么样？后面会有一大帮的人跑着追你？

赵　薇：也不是，我自己本来都很长时间没出门了。只是出来的时候就被要求做事情，做访问啊什么的，还有其他很多人，比如喜欢我的一些朋友，追着我要签名。

鲁　豫：你喜欢那种感觉吗？

赵　薇：一开始的时候肯定会有一种很高兴的感觉，觉得自己被大家认可，就是一种成功的感觉。但是我觉得我没有那种特别的欣喜若狂，也没有无动于衷，介于这两者之间吧，但是我还是不愿意表现出来。

意外蹿红让赵薇成了众矢之的，一边是观众的狂热拥戴，一边是媒体和专业人士对于赵薇演技的冷嘲热讽。如果说一些文艺评论文章还只是从专业角度探讨和批评赵薇演技的话，另外一些娱乐媒体的关注则延伸到了赵薇的私人领域。关于赵薇与林心如的竞争，关于赵薇与苏有朋因戏生情的绯闻，关于赵薇与琼瑶公司的解约等一系列新闻报道持续不断地散发着夏日的高温，让赵薇第一次体会到身为一名明星所要付出的代价。一向大大咧咧说话直率的赵薇因此变得谨言慎行起来。

鲁　豫：在你已经很红的时候，可能你还没有完全准备好怎么去应付一些娱乐记者。现在回过头来看当初，你有没有觉得自己有时候很傻，就是接受记者访问说了一些不该说的话？

赵　薇：有，肯定有。经过了这么长的时间也交了不少的学费。就是当时比较直，就觉得记者问我什么我回答什么，比犯人还老实。

鲁　豫：你当时对记者的态度是什么样子的？

赵　薇：就把他们当作我的前辈啊，或者是长辈。那时候我和别的演员一起做访问，我就看别的演员怎么说话都是转弯的，我就想我不能变成这样子，太不真诚了，后来才知道人家那是经过磨炼的。

鲁　豫：可能经过一些被伤害的事情，或者说被咬了一口之后就知道怎么保护自己了。

赵　薇：对。

鲁　豫：那段时间是快乐的日子比较多，还是不快乐的日子多？

赵　薇：不快乐的日子多。

鲁　豫：为什么？

赵　薇：因为我是一个喜欢平静的人，其实我骨子里是那种品性比较淡泊的一个人，太热烈的生活会让我感觉很累。我做一个比喻，

有一个人给我一个笑脸，我会还他一个笑脸，但是全国人民都对着我笑，我再还他们笑脸就觉得很累了。

鲁　豫：你内心会不会有一种困惑感?

赵　薇：就是有一点不适应这种被人包围着的生活，或者说不习惯。这个跟我本性有点相违背。

在舆论中，赵薇是作为偶像而存在的，但是作为一名演员，赵薇却一直希望自己的演技能够受到认可。因此，在《还珠格格》之后，赵薇大胆尝试了多种风格的角色，有《夕阳天使》中的打女形象，有《情深深雨蒙蒙》中坚强偏执的依萍。后来，赵薇更是不惜自毁形象，以夸张造型出演《炮制女朋友》，以光头造型出现在周星驰的电影《少林足球》中。虽然这样的尝试有失败也有成功，但是却让赵薇成为演艺圈为数不多的敢为角色牺牲形象的女演员，而且最终获得了专业人士的认可。她主演的电视剧《京华烟云》不仅成为央视近几年来的收视率冠军，而且也名列2005年全国电视剧收视率之首。2005年，赵薇主演的电影《情人结》让她一举夺得两个影后头衔，首先是在2005年6月19日获得第八届上海国际电影节最佳女主角，成了国际影后；之后又在2005年8月28日的第11届中国电影华表奖上与章子怡并列荣获优秀女演员奖。

伴随着赵薇演技的提高，赵薇应对媒体的技巧也在提高。之前，她对媒体的误解和批评手足无措；现在，媒体对于赵薇的专访反而常常能让我们发现一个性格更为鲜明的赵薇。她学会了自我保护，把自己分割成两面，一面是可以展示给公众看的赵薇，这个赵薇应该是一名专业的演员，一个积极上进、友善真诚的艺人；另一方面是她自己的私人领地，她的爱情、她的快乐、她的伤感，都与别人无关。

鲁　豫：这些年我看你好像有一点变化，就是觉得你没有以前那么快乐，没有那么无忧无虑了。

赵　薇：其实我还是很快乐的，就是不敢让大家知道。

鲁　豫：为什么呀？

赵　薇：没有，我开玩笑的。以前是一出来就要表现出很高兴的样子，不然又会被媒体抓到把柄乱写；现在成熟点了之后就觉得，我自己高兴我知道就行了，我也不笑给别人看了。

鲁　豫：就是说你不怎么表现出来你的喜怒哀乐了，是吗？

赵　薇：只是不会刻意地表现出我很快乐或者我不快乐。

鲁　豫：主要是因为你是新闻追逐的对象，你笑他们会给你写出一些事情来，你不笑他们还是会给你写出一些事情来。不管你怎么表现，媒体都会写，这是你苦恼的一点吧？

赵　薇：有时候就是这种感觉。

鲁　豫：为此偷偷地掉过眼泪吗？

赵　薇：没有偷偷地，就直接在大庭广众之下就流眼泪了。

鲁　豫：一方面你是很快乐，同时也越来越会保护自己了，是吗？

赵　薇：这好像是我们这一行的一个生存技巧，必须要掌握的一个技巧。我觉得是每个人都必经的一个阶段吧，除非我学钱钟书、林语堂把自己关在小屋子里也不出来跟大家打招呼，当然我们的职业也

不可能不出来跟大家打招呼。

鲁　豫：你现在和媒体保持什么样的关系？

赵　薇：演员是需要媒体做宣传的，但是有时候也会有一些媒体的报道会影响到自己。现在就是我有工作要宣传我就出来宣传，但是我绝对不会主动去炒作什么东西，而且我绝对不会说我的私生活，我要给媒体说的都是我工作上的东西，关于我的私生活我是一概不讲的。

未来的赵薇会怎样，相信没有人敢妄下断言，因为赵薇充满了太多的不确定。也有人说中日合拍片《夜·上海》是赵薇进军国际的第一个信号，赵薇的研究生导师田壮壮说她有能力成为一个成功的导演，而赵薇又会怎样说？

鲁　豫：一般演员是不是都喜欢演电影多过演电视剧？

赵　薇：怎么说呢，它们是两个不同的口味，就像是中餐和西餐。电视剧是中餐，电影就是西餐，像我这么爱吃的人当然是中餐、西餐都吃了。

鲁　豫：你有什么大的野心吗？比如说拿个什么影后之类的奖？

赵　薇：你看，像我这种不会撒谎的人就不用直接回答这个问题了吧。我觉得人有时候会幻想一下，但是就目前而言我觉得我努力做事，朝着一个目标去走就行，不用告诉所有人。

鲁　豫：对，说出来的就不灵了，不说可能会实现，说了可能就实现不了了。

赵　薇：我觉得是这样吧，说了以后大家都等着看我笑话。

鲁　豫：有这种可能。我们可以想象一下赵薇的那个目标是什么。我觉得我大概能猜到。我觉得只要能够想到就有可能实现。你想过结婚吗？

赵　薇：我特别不好的一点就是我从来没有想过结婚这个问题，反正今后的生活各种各样的可能性都会有，就以自己喜欢的方式生活好了。可能我演小朋友演太多了，一碰到这种成熟的事情就会让我天生产生一种抗拒心理。

鲁　豫：你的心理年龄可能也就 20 岁以下。

赵　薇：也不至于那么天真，人家觉得我老大不小了，我还觉得我没长大呢。

鲁　豫：到时候你就会想到结婚。

赵　薇：对，我也相信这一点。就像我有一天突然说我想去拍电影了，结果我就真的四年不拍电视剧只演电影了。也有可能有一天我会跟大家说，对不起这两年不演戏了，我要结婚去了，然后走了。我觉得我有这种可能，但是我不喜欢人家去反复纠缠我的绯闻，问我的男朋友是谁，问我的私生活怎么样，我很不喜欢别人问我这方面的事情。我觉得在戏里面把自己可以给的真诚都给了，再不保留一点自己的私生活就太可悲了。就像鲁豫你说的，说出来就不灵了。所以今天说这是我男朋友，明天说那个是我男朋友，我都不会去承认与否认，因为我要给自己留一个会灵的东西。当然了，我要结婚那一天我会通知大家的，因为这不是一个可耻的事情。

鲁　豫：对，没准你出门遇见一个很有感觉的人，然后就结婚了呢。

比起赵薇在影视圈一夜成名的神话，赵薇在音乐道路上显然走得更为踏实。从1999年的第一张专辑《小燕子》开始，赵薇至今已经推出了6张专辑，每一张专辑都能看到赵薇的成长。在与知名音乐人姚谦合作之后，赵薇的音乐有了脱胎换骨的气质，尤其是受到广泛称赞的《DOUBLE》。这张专辑更是在专业歌手都全军覆没的2005年创下了销售量前三的好成绩，同时，这张专辑也让赵薇成为一名真正的歌手。

鲁　豫： 据我所知，赵薇是个“麦霸”，对不对？你都唱谁的歌？

赵　薇： 王菲的，莫文蔚的，还有鲁豫的。哈哈！

鲁　豫： 那好，下次我出专辑你一定帮我打打歌。我觉得赵薇能够演到很老，将来老了以后拍戏，我觉得应该是另外一种感觉。

赵　薇： 像我这种性格实在是太难说了，也许我可以演得很老，也许有一天我就突然一下子不演了。

鲁　豫： 也有可能，因为你的性格实在是太天马行空了。那你以后真的不演了，你的粉丝们怎么办？

赵　薇： 他们也说了，只要我高兴就好。

鲁　豫： 高兴就好，这也是一个境界。

赵薇，这是个在中国娱乐圈绝对的一线人物，她漂亮、淡定、聪明，而属于她的故事正在发生。祝愿赵薇像自己说的一般，幸福快乐就好。

“我的成功很单纯，这就让我后来做很多事情很难去用世俗的手段。也许社会变了，也许大家成功的方法也变了，但恰恰我的成功靠的是最原始的方法，没有加工过。”

1998年，赵薇凭借电视剧《还珠格格》红遍亚洲。2005年，凭借电影《情人结》赵薇获上海国际电影节影后。她在《花木兰》、《画皮》、《赤壁》、《锦衣卫》等电影中饰演的角色，均好评如潮。时至今日，她已经成为中国知名度最高及最具影响力的影视女演员。2013年，她执导的电影《致我们终将逝去的青春》上映，并获得票房、口碑双丰收。

周迅 精灵落凡尘

Zhou Xun

30岁的周迅，依然单纯。她是一个容易感动的人，她说，从烘干机里取出的衣物的温暖，都会让她沉醉。

清水芙蓉般的周迅，在人们的眼里，是个充满灵气的“精灵”，从《大明宫词》，到《像雾像雨又像风》，再到《画皮》，她的每一部戏都是那么引人注目……

她以另类气质取胜，又具双重性格，所以她不囿于特定的形象。古灵精怪是她的代名词，另类是她的个性。虽然周迅在生活中不是一般概念里的“美女”，但她有着较好的艺术感觉和很大的可塑空间。

鲁　豫：2006年，你在香港拿电影金像奖最佳女主角，你上台领奖致感谢词的时候，我看到你哽咽着说话觉得很感动。我想那一刻你心里很激动吧？

周　迅：其实在我上台之前就想到我会有那样的反应。整个在现场走下来，就像是把拍摄的过程回忆了一遍。

鲁　豫：我听说，每一个被提名获奖的演员都会提前准备一篇感谢词，因为怕万一得奖，上台后激动得不知道说什么好了，该谢的人都忘了说了。你当时准备了吗？

周　迅：我没准备，但我曾经想过如果得奖了我要说什么，但是那都是很模糊、很凌乱的片段，所以后来我就索性不想了。

鲁　豫：你领完奖下台之后打的第一个电话是给谁的？

周　迅：给我爸妈，他们当时是在电视上看直播，但是因为电视上直播要比现场晚一个小时，所以当现场颁奖结束后他们在家看电视还没看到我领奖呢。

鲁　豫：爸妈知道你得奖后是什么反应？

周　迅：我爸爸一直是一个很严肃的人，他就说："噢，恭喜你啊，这是你的进步。"

鲁　豫：他们没有和你一样激动得说话哽咽吗？

周　迅：没有。

周迅出生于浙江衢州，是家里的独生女。她的父亲在当时很时髦的单位——电影公司工作，画电影宣传海报。于是周迅可以以职工子女的身份自由出入电影院免费观看很多电影。电影给周迅打开了一道新奇的门，让周迅充满了对外面世界的向往。在15岁那年，周迅考上浙江省艺术学校修民族舞专业。从小没有兄弟姐妹的周迅很享受学校里的集体生活，每天很刻苦地练功，很快她就成为全班出类拔萃的学生。

鲁　豫：你考上浙江省艺术学校的时候才15岁，是吗？

周　迅：对。

鲁　豫：考舞蹈专业是很难的，对身材要求也特别苛刻，是吧？

周　迅：我当初考的时候也就是大胆，其实那次在我们衢州招生的时间已经过了，妈妈就带着我赶到杭州去考。

鲁　豫：你在此之前跳舞吗？

周　迅：会跳，但是没有接受过那种专业的训练。从小学到初中，我都是班里的文艺委员。

鲁　豫：真的？我也当过文艺委员。你在跳舞方面的天赋怎么样啊？就是比如说那个腿很软、腰很软，劈叉、抬腿什么的能行吗？

周　迅：这些都没问题，我在舞蹈方面唯一有问题的就是我的腰很硬，天生的。开始老师就说我的腰比较硬，用一个比较专业的词形容我的腰就叫“平板桥”，所以那段时间我一直在接受恐怖的练习。

鲁　豫：十几岁才开始专业的舞蹈训练是挺晚的。

周　迅：对，所以那时候练习得特别辛苦。

鲁　豫：你当时考舞蹈专业是因为自己很喜欢？

周　迅：对，挺喜欢的。

鲁　豫：你到学校以后是不是属于专业成绩很好的学生？

周　迅：对。

鲁　豫：你在学校跳独舞的时候多吗？

周　迅：不多。因为我们班里的女孩个子都比较小，台上跳独舞的基本上都是比我们高一届或者高两届的师姐，我们班都是跟着在后面跳。

鲁　豫：你有没有什么最拿手的或者说是保留的节目？

周　迅：没有什么保留的节目，只是有一个很难忘的节目。

鲁　豫：什么节目？

周　迅：毕业演出。我们班参加毕业演出的时候集体跳的一个舞蹈，也是我们自己编排的。在演出即将结束，全班同学手拉着手谢谢

老师的时候，我们所有同学都哭得一塌糊涂。

鲁　豫：上学的时候有没有想过自己将来要做一名专业的舞蹈演员？

周　迅：没有，我在学校上二年级的时候就被挑去拍戏了。

因为长得漂亮舞也跳得好，周迅成为学校里非常引人注目的学生。当时常常有摄影师到周迅所在的学校里选模特拍挂历，而周迅被选中的次数最多。很快，周迅就在挂历界小有名气。当时有一种说法，最好的挂历模特，北京有瞿颖，上海有李颖，杭州则有周迅。

鲁　豫：刚学了个新词——“挂历界”。你那时候在挂历界很有名气啊？

周　迅：小有名气。

鲁　豫：你能记得你拍过多少本挂历吗？

周　迅：不记得，因为我拍的时候他们并没有说要拍什么，只是说今天要穿什么衣服啊，明天要去外景啊之类的。他们不会告诉我照片要用在哪里，只是到时候用一张照片再付一张照片的钱。

鲁　豫：拍一张照片多少钱？还是拍一天多少钱？

周　迅：我记得好像是用一张照片给 20 块钱吧，反正够我自己付学费的。

鲁　豫：他们会送你做好的挂历吗？

周　迅：只给被选用的照片。有时候会让我们打扮得很成熟的样子，而且拍的时候不是我一个人，一个学校的同学有很多一起，觉得还蛮好玩的。

鲁　豫：那时候你的名气仅限于挂历界吗？你在街上有人认出你吗？

周　迅：没有，因为拍挂历的照片都化了很浓的妆，不像我了。有一次，有一个摄影师拍了我的一张素颜的照片做了一个杂志的封面，然后还登了我的名字和学校的地址，结果我就收到了很多的来信。

鲁　豫：什么样的来信？

周　迅：就是一些人看到我的照片觉得很好看，然后就会写信告诉我想要和我做朋友啊什么的，有一些人我还会给回信。

鲁　豫：有到现在还联系的吗？

周　迅：没有。那时候只是觉得很好玩，也不是每一封信都回。

鲁　豫：你在学校算是校花级的人物吗？

周　迅：不是，我在学校的时候就像是个小孩，年龄很小，个子又很小，而且我那时候长得很黑，同学还给我起了个外号叫“小黑”。

鲁　豫：其实那个时候也有星探在街上寻漂亮的女孩子的，没有人发现你找你演戏吗？

周　迅：没有啊，可能不漂亮没被发现。

鲁　豫：但是你第一次拍戏就是因为有导演在挂历上看到你的照片，是吧？

周　迅：对。

一次偶然的机会，谢铁骊导演从一本挂历中发现了周迅的照片，几经周折找到了这个看似有点神秘的大眼睛姑娘。谢铁骊导演第一次看到周迅时感叹道："你就是那只小狐狸！"随后周迅便出演了《古墓荒斋》里的狐狸精。那时的周迅并不知道拍戏是怎么回事，凭着一股冲动来到北京，大大方方地走到谢导演的面前。

鲁　豫：第一部电影叫"古墓荒斋"，是吧？听这名字肯定是古装、神怪之类的片子。

周　迅：对，是根据《聊斋》改编的。

鲁　豫：你在里面演的什么角色？

周　迅：演一只狐狸精。谢导演在挂历上看到我之后就找到了我，然后见我第一面的时候他就说："嗯，你就是那只小狐狸。"但是当时我还在读二年级，学校不让我出去拍戏，怕影响学习。

鲁　豫：那后来怎么办呢？

周　迅：谢导演就对学校说，他到北京后会督促我补课的，然后我自己也坚持要来北京，所以就跟着谢导演到北京拍了《古墓荒斋》。

鲁　豫：这部戏是哪一年拍的？

周　迅：1991年的时候，很早了。

在很多观众印象中，周迅出演的角色要么是古灵精怪，要么是温婉贤淑。当看到大屏幕播放的周迅早期影视作品片段时，观众们这才大吃一惊，原来周迅也有妖艳、泼辣的一面。周迅在她的电视处女作

《胭楼记》里，更是将一个刁蛮泼辣的小姐演绎得淋漓尽致。

鲁　豫：还记得你拍的第一部电视剧是在哪一年吗？

周　迅：不太记得了。

鲁　豫：《胭楼记》还记得吗？

周　迅：哦，对！《胭楼记》是我拍的第一部电视剧，好像是在1992年、1993年的时候。我记得是山东话剧院的张亮导演的，是《三言二拍》的一个系列剧，我还演了两个角色，好像是在安徽拍的，我印象不是那么深了。

鲁　豫：你在里面演的那个角色还真够泼辣。

周　迅：没想到我那时候这么厉害。

时隔三年，当谢衍导演拍《女儿红》时，需要一个伶俐的江南小女孩，剧组又是恰巧在一本书的封面照片上看上了这个小姑娘。从此，不到20岁的周迅走上了从影之路。

1996年5月，由陈凯歌执导，张国荣、巩俐等实力明星出演的电影《风月》在全国上映，周迅在影片中饰演一个风月场所的舞女。虽然周迅在其中只有短短的两场配戏，但其精灵的表演让影片凄惨的韵味得到最完美的诠释。

继《风月》之后，周迅再次受到陈凯歌导演的起用，在其执导的史诗巨片《荆轲刺秦王》中饰演盲女的角色，让人过目不忘。

鲁 豫：你早期有两部戏，我印象很深，一部是《风月》，另一部是《荆轲刺秦王》。你在这两部戏里面的戏份都很少，但是你却在每一分钟内都表现得那么出彩。《风月》中有一场戏，张国荣饰演的忠良送你一枝玫瑰，然后你就拿着那枝玫瑰流下了一滴眼泪。是你自己演到那里自然就哭了还是用了什么道具？

周 迅：就是导演把镜头对给我的时候，我自然地就流下来了。因为我演的那个小舞女喜欢忠良很久了，等到了忠良送的一枝玫瑰；其实也是无意送的。然后我演到那里，很自然地就流下了一滴眼泪。

鲁 豫：那个镜头拍了几遍才拍好的？

周 迅：就一遍，因为拍这些流泪的戏要是一遍不 OK 的话，第二遍、第三遍的时候那种感动或者悲伤的情绪就没有了。

鲁 豫：我本人最喜欢的是你在《荆轲刺秦王》里演的那个盲女，我觉得这个角色是你早期作品中最出彩的一个。你那么大的眼睛演一个盲女，你怎么做到眼睛一眨不眨的？

周 迅：我就是脑子里什么也不想，然后把眼神完全放空。其实在拍之前我自己练习过，在家里的时候就把眼神放空了摸索着走路；还有看一些这种题材的电影，像阿尔·帕西诺的《女人香》，然后去找电影里的盲女的那种感觉。

鲁 豫：所以说这和你幕后的努力也是离不开的。

1998 年，周迅与第六代导演娄烨合作，拍摄了电影《苏州河》。周迅在其中一个人扮演了两个性格完全不同的女孩，她的表现获得了巴黎国际电影节的肯定，周迅的第一个影后头衔，就是在她完全没有准备的情况下戴到了她的头上。

鲁　豫：你去之前知道你获奖了吗？

周　迅：完全不知道，就是在完全没有准备的情况下，听到别人念我的名字我才知道我得奖了。巴黎电影节那次还有段小故事。

鲁　豫：什么故事？

周　迅：我那天是早上8点钟北京飞往巴黎的飞机，但是我迟到了，我起床的时候都已经8：50了。

鲁　豫：你的同事都不提前叫你吗？

周　迅：没有，然后我一看飞机也错过了，但是不去又不行，然后我自己硬着头皮当天晚上8点多的时候飞到了巴黎。我记得特别清楚，我去的时候没带裙子，就只带来我的牛仔裤，我过海关的时候别人问我，你的行李呢，我说没有，他们还很奇怪。

鲁　豫：去参加颁奖晚会，你都不给自己带点特别正式的衣服吗？

周　迅：那时候年龄还很小，也不怎么懂事，所以什么也没带就跑去了。到了法国以后，我的翻译就跟我说，我一定要穿裙子，因为法国是一个比较浪漫的国家，我去领奖不穿裙子的话会认为很不礼貌。

鲁　豫：后来怎么办的？买？

周　迅：对，得准备一套特别正式的嘛。然后我就去了那个香榭丽舍大街上逛，但是国外的那些衣服我穿在身上都特别大，我个子比较小嘛，那些衣服我都撑不起来。后来实在是来不及了，我在一个很

小的店，而且是童装店，看到有一件衣服，上面印着仕女的图案，我觉得还比较有中国的感觉，然后我穿了也很合身，就买下了。

鲁　豫：真的在童装店买到了啊？

周　迅：对啊。而且那件衣服还挺有中国的感觉，我是在国外领奖嘛，当然穿点中国感觉的衣服更好。然后我就去了颁奖的那个会场，我一进去发现还挺好玩的。

鲁　豫：怎么好玩了？

周　迅：因为他们会场里还发冰淇淋吃，就是你一入那个会场，就有工作人员给你发一个冰淇淋。我还专门多要了一个，拿来两个冰淇淋坐到最后一排，颁奖礼一开始我又听不懂法语，就只顾着吃我的冰淇淋。然后公布最佳女主角的名字的时候，我还是不知道是我，因为他们外国人念我的名字一点也不标准，根本听不出来是我的名字。我正发呆呢，翻译就拍我说："是你，最佳女主角。"

鲁　豫：当时激动吧？

周　迅：我当时站起来以后双腿就发抖，那时候年龄还很小，又没有什么经验。一上台我都忘记了我要说什么了，反正说的什么话声音都是发抖的，很紧张。

1999年对周迅来说是收获的一年。凭借在电影《苏州河》中的出色表演，她荣获第15届巴黎国际电影节"最佳女主角"，同时电视剧《大明宫词》在内地播放后大获成功，周迅饰演的少年太平公主深入人心，并为她赢得了2000年金鹰奖"观众最喜爱的女配角奖"的殊荣。这一年，周迅接拍了过百集的电视剧和一部电影，从文静的林徽因到顽皮的谭格格，周迅都演得活灵活现。而她从不循规蹈矩，信手拈来的表演风格更被圈内人誉为“古怪精灵”。在这一年，周迅的演艺事业渐入佳境。

鲁　豫：每次我看到《大明宫词》里你扮演的少年公主，都觉得你就是那个公主，很可爱。你现在再看你当年拍的戏会有什么感觉？

周　迅：唉，时光难再回啊！哈哈……不过真的感觉时间过得很快，拍《大明宫词》的时候我才20出头。

鲁　豫：1998年到现在确实很久了，你那时候的状态完完全全就是个小孩子，不过有点遗憾太平公主里的声音不是你的。

周　迅：对，是配的音。因为当时导演觉得我的声音太粗鲁，不像小孩儿。

鲁　豫：你的声音从小就是这样吗？

周　迅：从变声期的时候就开始这样了。

鲁　豫：女孩子也有变声期吗？

周　迅：有啊，就是从小女孩长成少女的时候。其实我自己也没有太注意是从什么时候开始声音很沙哑，很粗的。小时候有一次在学校的唱歌比赛上，就是什么像“小百灵”这样的儿童唱歌比赛，然后我一唱老师就说我的嗓子可能有问题，不能当“小百灵”，百灵鸟不是这种声音。后来就知道自己和别的女生比声音是有点沙哑。

鲁　豫：观众真正认识你也是在《大明宫词》播出后吧？

周　迅：对啊，拍完《大明宫词》之后，我再上街就发现那些报

摊上的杂志上面怎么都是我的头像啊？

鲁　豫：当时是什么感觉？有没有感觉很兴奋？

周　迅：就是感觉怎么满地都是我，有一种不真实的感觉，并没有说我很兴奋，觉得自己红了怎么的。当时我还告诉我的助理说，如果发现我骄傲或者自我膨胀的话就赶紧给我泼冷水或者提醒我。因为有时候人在这样一个鲜花、掌声的氛围里会很容易迷失自己。

鲁　豫：出道这十几年来，你自己清楚你演过多少部戏吗？

周　迅：电视剧有七八部，电影也有七八部吧。

鲁　豫：得过多少奖你有统计吗？

周　迅：演电影、电视剧和出唱片的都包括的话，有24个。

周迅不仅在演戏生涯中有张漂亮的成绩单，在音乐的路上也是有傲人的成绩。周迅在出过两张唱片之后，就完成了从一个新人到最受欢迎的女歌手的跨越。这对很多歌手来说是一个梦想，但是周迅在很短的时间内便做到了。2003年4月18日，周迅的第一张个人专辑《夏天》一经推出就突破了20万张的销售成绩，周迅沙哑的个性嗓音和她随性慵懒的演唱方式，赢得一片叫好声。

鲁　豫：刚开始登台唱歌的时候会紧张吗？

周　迅：很紧张。我记得我第一次上台唱《夏天》的时候，腿一直在哆嗦。

鲁　豫：现在呢？上台腿还哆嗦吗？

周　迅：现在好点了。哆嗦倒是不会了，但是上台不知道怎么做一些身体上的释放动作。所以我一上台就站着不动，只唱歌。

鲁　豫：酷的歌手都是这样子啊！

周　迅：所以我也比较酷？哈哈……其实是很紧张的。

鲁　豫：你和朋友一起去KTV唱歌的话，你是“麦霸”吗？

周　迅：偶尔，如果那天比较有兴致的话就会是“麦霸”，兴致不是很高我就会听大家唱。

鲁　豫：你在KTV一般都唱什么歌？会特别自恋地唱自己的歌吗？

周　迅：我不唱自己的歌，像陈绮贞、陈珊妮、王菲、梅艳芳等，喜欢唱她们的歌。

鲁　豫：你这唱歌的跨度很大嘛。

周　迅：全能歌手。哈哈……很多男孩的歌我也会唱，像小虫的《一往情深》，我一直唱了很多年。还有陶喆的《十点半的飞机场》啊什么的。

初涉影视圈时，虽然周迅在几部电影中，都只是扮演小配角，但是周迅在演戏方面的天分却备受肯定。因此从浙江省艺术学校毕业之后，周迅跟着当时的男朋友，带着对爱情和理想的双重追逐，义无反顾地北上求发展。刚刚来到北京的周迅，选择在歌厅打工谋生，并在那里度过了一段简单而快乐的时光。

鲁　豫：可能很多人不知道，周迅来北京的时候还有过一段“北漂”的经历。当年你在北京什么地方唱歌？

周　迅：一个叫莱特曼的歌厅，重新装修过，现在还开着，在北京的西坝河那边。

鲁　豫：你当时在那唱歌一晚上多少钱？

周　迅：一晚上也就 150 块、200 块吧。

鲁　豫：那很多啊，一晚上唱几首歌？

周　迅：三四首的样子，那时候我们是分早场晚场，唱的时间不长。

鲁　豫：那时候你都唱谁的歌？

周　迅：那时候唱张艾嘉的《爱的代价》，也唱王菲的，还有一个新加坡的歌手叫陈洁仪的。

鲁　豫：那时候你也是全能歌手啊！你是那个歌厅的头牌歌手吗？

周　迅：不是。我们那地方出来很多挺有名的人，像叶蓓、胡东，还有很多，我不太能记起来了。我那时候基本上都是晚上 10 点开始唱，然后我 9：50 到场，唱完几首我就回家了，不是经常能碰到他们。

鲁　豫：你当时在台上唱歌，台下的反映好吗？有人是专门为了看你唱歌的吗？

周　迅：有，有时候在我唱完歌要下台的时候，有人就说他们是专门来听我唱歌的。那时候是莱特曼生意最火的时候，每天人都很多，因为在那个年代莱特曼是一个为数不多的可以跳舞的歌厅，所以每天都会有很多的年轻人和大学生，每天人都是满满的。特别是礼拜六、礼拜天的时候，我要进去唱歌都得挤着进去。

鲁　豫：有专门来看你的客人就会告诉你，是吗？

周　迅：对，然后我特别奇怪那时候老有客人问我是不是日本人。

鲁　豫：为什么啊？

周　迅：我也不知道，他们就说我很像日本人，我就说我不是日本人，我是日本人怎么会唱中文歌呢？

1997年，周迅接到了电视剧《红处方》的邀请，在这部电视剧的拍摄过程中她认识了在《我爱我家》中出演小保姆的沈畅，两人成了要好的朋友。

鲁　豫：周迅有一个最好的朋友叫沈畅，用我们现在比较时髦的话叫“闺密”，就是闺中密友，两人的友谊已经有十年的时间。

沈　畅：其实刚结识周迅的时候我还算比较有名气，因为那时候我演的《我爱我家》已经放了。然后在拍《红处方》的时候副导演就说，有一个女孩子很漂亮的，我一想这么漂亮的女孩子我得见见，然后我就看见了周迅。我一见到她，心想，也不是他们说的那么漂亮啊！她在《红处方》里要演一个吸毒的女孩，我当时看到她时就是黑黑的，又特别瘦，就很像是她即将要演的那个角色。

鲁　豫：第一次见周迅有没有惊艳的感觉？

沈　畅：没有，其实周迅是一个特别上相的人，我见她的时候真没有觉得她很漂亮，只是感觉她很瘦。但是我觉得她现在比以前漂亮多了。

鲁　豫：觉得周迅是一个怎样的人呢？

沈　畅：我们俩还很小的时候，就是十年前认识的时候，我们都是很纯朴的那类，就是她不爱修饰自己，而且性格也很像男孩子。有时候她需要演一些很小家碧玉的角色就跟她本人的反差很大。

鲁　豫：比如？

沈　畅：她演《橘子红了》里面的那个角色和现实生活中的她反差就很大。她在《橘子红了》里演的就是一个小家碧玉型的小姐，说话声音也很小，很斯文的样子，但是拍的时候导演一喊停，她立马就变回生活中的样子，说话声音很大，张牙舞爪的。

鲁　豫：哦？真的啊？

沈　畅：是啊，表情很夸张。

1998年到2004年是周迅的高产年，6年时间她拍摄了10部电影、10部电视剧和1部电视电影，其中的电视剧《大明宫词》让周迅家喻户晓，一跃跨进一线女星的行列。

鲁　豫：就像周迅说，你发觉她很红了，有点自我膨胀的时候，你会不会给她当头一棒什么的？

沈　畅：她有变化吗？好像她在我面前没怎么膨胀过。看着她发展成现在这样我还是很为她骄傲的。其实我也是通过别人才知道她已经很成功，很红了。

鲁　豫：什么时候有这种感觉的呢？

沈　畅：我印象最深的一次是，有一次我陪着她去买车，到了车市的时候，一下子就有一百多个人围上来要她签名。当时一起去的还有她的爸爸妈妈，她爸爸一看这阵势也不知道怎么办，就拉开架势保护着自己的女儿，然后我拉着周迅就跑了。我那时候就觉得，哦！原来她已经那么受大家的欢迎了。

鲁　豫：你们的友谊开始的时候，两人都是很年轻的女孩儿，也是在事业刚刚起步的时候，在生活当中肯定有很多喜怒哀乐的故事吧？

沈　畅：我们俩一起比较快乐的时候还是比较多，因为我俩都比较乐观。

鲁　豫：周迅属于那种大大咧咧的人吗？

沈　畅：对，她那个时候大大咧咧的——现在也是啊！

鲁　豫：生活中有什么大大咧咧的事情？

沈　畅：丢三落四啊，比如说她会专门回家拿某个东西，但是回到家又忘了拿。

周　迅：我也不知道什么时候养成的习惯，就是不到电梯口想不起来我忘记带什么东西。最夸张的一次，就前两天有个火星电台的朋友，他住在郊区，我开车过去，结果我都到国贸了发现忘了带一个重要的东西，然后再回去拿。

鲁　豫：沈畅和这样爱丢三落四的人一起会不会很着急？

沈　畅：不会啊，我很容忍她，因为我们俩都一样，我能理解。还好我比她好一点，就是她比我懒。

鲁　豫：她怎么懒的？

沈　畅：有一件事情我觉得最能诠释她比较懒的了：有一次她住

在我那里，早上 8 点多钟我就走了，她一个人睡着，到了 9 点钟的时候她给我打电话说：“沈畅，你们家楼上装修呢！”我们家楼上装修的一个大电钻正好在她的头顶上。但是你知道吗？她后来就一直忍着，那么大的噪音就继续睡，居然还能睡着，然后睡到 11 点钟她才走了。

鲁　豫：真的啊？

周　迅：对，可能也是因为我比较叛逆，我就看你有多吵，我偏睡。忙了好一阵子，好不容易有时间可以睡个懒觉。沈畅也是粗心大意，忘了告诉我她家楼上在装修。

沈　畅：我忘记告诉她然后就去工作了，但是她最后还是睡着了，所以我经常说很佩服她够懒的。

1999 年的夏天，周迅、夏雨出演了高晓松执导的电影《那时花开》，第一次与周迅合作，周迅给高晓松留下了很深的印象。

高晓松：她会成为一个伟大的艺术家。她的一些很有代表性的举动现在依然保留着，生活里还是清清爽爽的，一点儿不化妆，双腿一盘就蜷坐在椅子上。

鲁　豫：拍《那时花开》是你和周迅第一次合作？

高晓松：对，其实也就只合作过那一次，但是觉得非常好。

鲁　豫：见她第一面的印象是什么？惊艳吗？

高晓松：那时候她不像现在这么风华绝代。她那时候就是特别瘦，个子又小，她往椅子上这么一蹲就看不见她了。她经常是盘腿坐在椅子上，整个人就那么缩在里面，很普通的一个人，也就算是一个普通美女。

鲁　豫：再普通也是一美女，当然，可能也是因为你看的美女太多了。

高晓松：也可能是吧。我就把她归为普通美女的那一类型，不是我喜欢的那种，我喜欢辣一点的，丰满型的。后来我还跟周迅开玩笑，我说她是周树人和周作人的妹妹。

鲁　豫：为什么？

高晓松：因为她那么小，那么瘦的一个人，叫周硌人呗！

鲁　豫：你真够损的。但是你和她合作之后觉得她的演技怎么样？

高晓松：我想说的最重要的就是她的演技，周迅是我见过唯一能在演戏的过程中当场穿透气氛的演员。我举一个特别的例子，《那时花开》有一场她的戏需要是猛地一看镜头，表现出突然明白的样子，她当时演的时候，立即就把剧情中的气氛看穿。我当时在监视器前头，她一抬眼看镜头的时候，通过镜头我就感觉她一下子把我的心灵都看穿了。所以我觉得她演戏真的特别好，已经达到了一种境界。

鲁　豫：你觉得她将来能发展到什么境界？

高晓松：名利方面的我就不说了，因为这些她都已经足够了。境界，我觉得她会成为一个伟大的艺术家。她走红啊，一线二线啊，这些我觉得都无所谓，她要做的就是发展她在艺术方向上的一种境界。这个方向很高，我希望她坚持能走多远走多远，希望她一定坚持。其实我跟她说，我觉得她应该把张曼玉作为一个目标，就是说自己是一

个永远有档期，也是永远没有档期的艺人。

鲁　豫：为什么这么说？

高晓松：就是做到只为自己喜欢的事情去工作，我觉得要做到这样的话她就很成功了。

2005年9月，冯小刚导演的一部古装大戏《夜宴》开拍。拍摄《夜宴》成为周迅事业的转折点，在冯小刚的牵线下，周迅与海内最知名的影视投资公司，也是《夜宴》的投资方“华谊兄弟”签约，开始了打造全新周迅的计划。

周迅被媒体评为内地演艺圈“四小花旦”之一，与章子怡、徐静蕾、赵薇并列。对于这个称号，性格开朗的周迅一笑了之，依然故我地演绎着一个个自己喜爱的角色。

镜头下的周迅，俏皮、另类；现实生活中的周迅，独特、洒脱。周迅饰演的角色中，或是婉约的小家碧玉，或是狂放的歌厅舞女，每一个角色都被周迅用出色的演技诠释得淋漓尽致。而镜头之外的周迅也爱上了通过镜头去看一些事物。

2005年，周迅发行自己的第二张专辑《偶遇》，预售版《偶遇》中有一个非常私人化的小册子，上面的照片是周迅亲自拍摄的，展现了周迅眼中的世界和她的个人空间。

鲁　豫：你为什么喜欢摄影？

周　迅：这中间有一个小故事。在拍《恋爱中的宝贝》的时候，我们有一个剧照摄影师叫穆欣，有一天他对我说：“周迅，过来，我让你看看镜头里的世界。”当时他在拍一个大烟囱，然后我就通过他的镜头看到了那个烟囱，发现镜头里看到的和现实中看到的完全是两回事，我当时就觉得特别有趣。

鲁　豫：那时候就爱上摄影了？

周　迅：对，当天回去之后我就买了一个相机开始到处拍，我算是穆欣的学生了。

鲁　豫：我看到过你拍的一些东西，我觉得很有艺术的感觉。有没有想把自己的作品拿出来做个“周迅摄影展”什么的？

周　迅：将来看吧。

鲁　豫：每一张照片再配上一个说明，我想应该是一个很不错的视觉日记，现在不是比较流行这个吗？

周　迅：对对对，然后让高晓松给我写说明。哈哈。

《如果·爱》的确是一部优秀的电影，而且孙纳几乎是一个为周迅量身定做的角色。多年的“北漂”经历给了周迅眸子里一层沧桑，而精灵古怪却又美艳动人的笑容，也让她把这个不讨好的角色演绎得惹人生怜。而真正让人意外的是，这一年，周迅将年满三十。对周迅的印象总是停留在《大明宫词》中的小公主的天真烂漫，或《橘子红了》里秀禾的娇弱羞怯，还有《巴尔扎克和小裁缝》中小裁缝的冰雪聪明。在很长一段时间里，每当提到十七八岁的灵动小女孩，我们总能想到周迅。然而这一年，我们的小公主也要30岁了。

“长大对我来说，意味着复杂。我完全不能复杂。直到有一天，我仔细的在镜头里看我自己的脸。真的，皮肤不像十七八岁的时候了，眼睛也不像了。但是又怎么样呢？我的眼睛里多了很多东西。就像我演的李米，已经不再是单薄的一个女孩子，而是可以在身体、背后，承载很多很多内容，可以把塌下的天空担负起来……”

1991 年，周迅初登大银幕，出演《古墓荒斋》。1998 年，她凭借《苏州河》获得巴黎国际电影节影后桂冠，期间主演《大明宫词》、《像雾像雨又像风》等热门电视剧，获得了国内影视界和观众广泛肯定。她在《夜宴》、《李米的猜想》、《画皮》、《风声》、《云图》中的表演，更让她屡获各项最佳女主角奖。

徐静蕾　邻家才女

Xu Jing Lei

1995年，徐静蕾凭借《一场风花雪月的事》为观众所熟知，此后又接连出演《爱情麻辣烫》、《将爱情进行到底》、《让爱做主》、《我爱你》等多部脍炙人口的影视剧，迅速跻身内地“四小花旦”行列。2002年，徐静蕾的电影导演处女作《我和爸爸》使她完成了从演员到导演的过渡。2004年，徐静蕾自编自导自演的电影《一个陌生女人的来信》荣获第52届西班牙圣塞巴斯蒂安电影节最佳导演奖。2005年，徐静蕾首次开博，112天后，其博客点击量过千万，成为“中国博客第一人”，并将这一称号保持至今。毫无疑问，徐静蕾已经成为演艺圈中知性才女的代表。

从演员到导演，徐静蕾走着一条与别人不同的路线。关于她的故事还要从她的小时候讲起。小时候的徐静蕾又淘气又胆小，由于爸爸妈妈工作繁忙，没有时间照顾她，她的童年是和奶奶一起度过的。

徐静蕾：奶奶可能是全世界我觉得最亲的人。小时候，我爸爸特别厉害，奶奶总是护着我，所以我觉得在奶奶那儿特别容易找到安全感，或者说是很温暖的那些东西。

鲁　豫：你跟我一样，我小时候也觉得最亲的人是奶奶。你是奶奶带大的吗？

徐静蕾：对，幼儿园我只上过很短一段时间，大概5岁的时候我才开始上幼儿园的，我小时候基本上都是跟奶奶在一起的。

鲁　豫：如果你爸批评你的话，奶奶会护着你吗？

徐静蕾：对，会护着，但是因为我爸太凶了，所以护不了多少。

鲁　豫：奶奶会经常看你拍的戏吗？

徐静蕾：她现在眼睛不太好，是白内障，我印象最深的就是她那时候看《一场风花雪月的事》，那是我刚刚开始做演员时演的电视剧，她当时就很不喜欢那个，因为她觉得里面所有人都欺负我，她看着特别生气，就不太喜欢。

鲁　豫：通常小孩儿要是奶奶带大的，那奶奶就是最亲的人。

徐静蕾：对，感觉跟她在一起特别安全，像避风港似的。而且我知道她特别喜欢看报纸杂志上关于我的文章。她就认《北京晚报》，别的报纸她都觉得不重要，从小我们家就订《北京晚报》，如果我被登上去了她就会特高兴。

鲁　豫：你奶奶最喜欢你拍的哪部戏？

徐静蕾：最喜欢《霹雳菩萨》，很多人都不知道，因为那个戏拍得很早，但是老人比较爱看那种古装戏，她觉得打扮成那样很好看。

鲁　豫：现在见奶奶的时间多吗？

徐静蕾：还行吧，因为我现在住得离她很近，所以经常见。

徐静蕾小时候最亲的人是奶奶，最怕的人就是爸爸。从小生长在家教极严的家庭中的徐静蕾一直都是个胆小的女孩儿，也就是这样，使得徐静蕾从小的梦想就显得有些“与众不同”。

徐静蕾：因为我爸爸特别厉害，所以小时候我最大的理想就是想干吗干吗，没人管我。

6岁的时候，徐静蕾就被父亲逼着在少年宫书法班学习，每天还要交出很多的练字作业。那时的徐静蕾认为，每天下午的5点就是她的世界末日。

鲁　豫：有那么可怕吗？

徐静蕾：有那么可怕，真的。如果写的字完成不了的话，无论多晚他都要叫我写，我觉得挺惨的。

鲁　豫：听说当时一到下午5点钟你爸快下班了，你就开始吓得不行了？

徐静蕾：对，因为他交给我完成的那些字我恐怕很难完成，还要背很多东西。每天要写的字从五十个到一百五十个不等，还包括背诵那些古文，可是那些古文我完全不明白什么意思，什么《前出师表》、《后出师表》的。

鲁　豫：小时候就让你背这个呀？

徐静蕾：对呀，后来我就在玻璃板下面压一张纸，上面写着要背的那些东西的第一个字和最后一个字，以此提醒我自己。所以每天他让我背的时候，我就站在玻璃板前面，要是想不起来的时候就看一眼，然后再接着背。

鲁　豫：如果你没背下来的话你爸会怎么样？

徐静蕾：怎么样？打我呗！

鲁　豫：那这时候你奶奶呢？

徐静蕾：我奶奶就在旁边干着急。

鲁　豫：你爸爸有没有表扬你的时候？有没有因为你做得特别好表扬你？比如说你今天大字写得不错，书也背得不错，有吗？

徐静蕾：还是有的。

鲁　豫：书法是你个人的兴趣还是你爸让你练的？

徐静蕾：当然是他让我练的。

鲁　豫：我们现在看到徐静蕾就会想，哎呀，你看人家这是怎么长的？但是徐静蕾小的时候也会想，哎呀，你看人家那都是怎么长的，是吧？

徐静蕾：是的，还真是经历过那个时候。

鲁　豫：为什么每一个现在我们看起来出落得很好看的人，都会说她小时候是特别不好看、特别不起眼的？我真的碰到很多现在特别漂亮的女孩儿，都说小时候又黑又瘦，特别不好看。听说你小时候也是那样，可我刚刚看到照片觉得还挺可爱的。

徐静蕾：那个时候已经长大了。我看到十三四岁时候的照片自己都觉得很恐怖，一副特别凶的样子。我记得有一张一寸的照片，脸完全是耷拉着，整个人看起来特别那什么。后来拍戏时，因为要找一个演我小时候的小女孩儿，当时我就把那张照片拿出来了，结果所有人看了都说不要照着照片的样子找，那样找的话一定是很不像的，因为那样子完全是谁欠了我钱的感觉。

鲁　豫：听说有一次参加活动，你们班有个特别漂亮的女孩儿被选上了，而你没有被选上？

徐静蕾：我觉得这事儿太惨了。我小时候在景山后街的北京少年宫学写毛笔字，有一次要去人民大会堂写春联，不知怎么最后少了一个名额，我就预感到那个老师会叫我的。果然，他视线扫了一圈儿，然后一下就把我拎出来了。他说徐静蕾你不要去。我觉得这可能是我受到的比较严重的打击。

鲁　豫：为什么预感老师就会说“徐静蕾你不要去”？

徐静蕾：因为我不喜欢写，所以我经常迟到早退。

鲁　豫：老师早就记住你了。

徐静蕾：对，那时我经常到景山公园逛，所以对景山公园太熟了，尤其是那山，我爬了不知道多少次。当时那个老师有一点儿口音，就老管我叫“许晶雷”，然后我一喊“到”的时候，所有人都回头看我。一开始的时候我心说这怎么“徐静蕾”仨字没一个念对的？后来我就郁闷，再加上我确实不是很喜欢写，所以慢慢地连少年宫也不愿意去了。再后来有一次，在北京市一个比赛中我得了一个奖，所以我爸就跟我去少年宫了，回来以后就跟我急了。我说怎么了？他说老师见到他跟他说，我已经好长时间没有去过少年宫了。你想啊，我每次都拿着纸笔假装去，但其实是去逛公园了。那天终于穿帮了，我爸反正知道了，所以我后来索性就不去了。

鲁　豫：你想过长大以后要做这一行吗？就当个书法家或者去搞美术？或者跟这些有关系的一个工作？

徐静蕾：小时候我觉得书法家都是老头，而且还要戴着一个那样的帽子，所以好像我也不太可能直接成为一个书法家，那需要的时间太长了，中间那段时间怎么办呢？

鲁　豫：总要考大学的，你当时想学什么？

徐静蕾：想学画画，因为那时候我同班的一个同学，他爸爸是工艺美院服装系的教授，他那时候学画画，我也就一起学画画，想考一个美术类的学校。

上中学后的徐静蕾，因为看到自己身边的朋友画画很好，所以自己也开始喜欢上了画画。当时的她一心想考取中央戏剧学院的舞美系，但是却出人意料地落榜了，于是她把目标又瞄准了北京电影学院。也就是从那时开始，徐静蕾迈出了她演艺生涯的第一步。

鲁　豫：在此之前你从来没有想过要去考电影学院或者中戏吗？就是除了舞美以外的专业，比如表演。

徐静蕾：没有想过。

鲁　豫：到什么时候才想到可以去试试表演？

徐静蕾：那时候辅导我画画的老师建议我试试，他就是《天下无贼》里的美术——赵海。他那时候是给我辅导画画，让我考中央戏剧学院舞美系。后来我落榜了，他就说："你不考考表演系试试？"然后我就去考了。因为正好那一年是电影学院比中戏早招生，否则我本来是要去考中戏的，结果稀里糊涂地给考上了。

鲁　豫：很多小孩去考电影学院、戏剧学院，事先都要找人来辅导，然后排好多节目什么的，你当时排的什么节目呢？

徐静蕾：当时我家附近有一个朝阳体育馆，那儿有一个健美操班，我就去学跳了健美操，就是很普通的那种健美操。可学了半天我也没学会，然后就想考试的时候怎么办呢？我现在想起来觉得挺恐怖的，因为我当时考形体的时候是从家里找了一段轻音乐，很慢的那种，我就自己瞎比画了比画。我就觉得老师都很诧异地看着我，心想这孩子没事儿吧？这孩子没病吧？后来我跳完了就站在那儿，自己也完全是大脑空白。然后老师问我说："你能不能给我们跳一个快一点儿的舞蹈？"

鲁　豫：你不是有健美操吗？

徐静蕾：可我不会，没学会，跳得不太协调，所以我说我不会。后来他说："那这样吧，你跑一圈儿吧。"因为那个形体教室很大，当时还有一个老师弹钢琴，他说让我跟着那个节奏跑。谁知他一会儿弹得快，一会儿弹得慢，弹得快的时候我就使劲跑，弹得慢的时候我就慢慢跑，然后就这么通过了。

鲁　豫：啊？别的什么都没考？那小品之类的呢？

徐静蕾：小品什么的都没考，因为那是专门考形体课的，小品是命题的小品，那多难啊！主要是我那个搭档还不错，他那时候好像已经在云南话剧团待过一阵儿了。那时候给我们的命题小品叫"是你是我"，就是要求你在小品里只能说这句话，然后让考生自己去编内容。我当时完全不知道状况，倒是他到后台就开始编，编完了告诉我说：

“到时候你就说是你，我就说是我就完了。”我们上台以后假装那儿有一个电视，然后我们都在那儿看电视，我突然看到我旁边的这个人，我就说：“是你？”然后他说：“嗯，是我！”

鲁　豫：你是怎么知道自己考上电影学院的？当时肯定看了好几遍才确信是自己的那个号了，是吗？

徐静蕾：对，但是我印象特别深的就是初试和复试张榜的时候，满墙的数字我一眼就看见我自己的号了。

鲁　豫：然后呢？当时的表现是什么？

徐静蕾：就是很高兴，偷偷地乐了一下就走了。

鲁　豫：进校以后跟你之前想象的一样吗？

徐静蕾：我记得我第一次进学校的时候，见到我们班一个同学，她爸爸当时带着她。她特别厉害地说：“哎呀，那个被子干吗给我放那儿？”而我就跟她住一个屋子。我当时心想，完了，我怎么遇上这么厉害的同学呀！可后来她跟我成了特别好的朋友。

鲁　豫：表演系学生似乎都是特别外向的，特别有表现力的，可感觉你不是。

徐静蕾：我显然不是。

鲁　豫：要在课上排小品或是要上表演课你怎么办呢？

徐静蕾：我就躲着，然后就尽量坐在老师不太容易发现的地方。要是逼得不行了，也做一两个小品。直到现在我们同学聚会的时候，他们还在把我演的一个小品当笑话说，叫“雁南飞”。我是演一个很老很老的老太太，走路都走不利索。他们后来就说我是高老太太，关键是我那时候演着演着就变成自己了，就忘了，然后隔一会儿，想起来了，就再接着演。反正都是一些现在拿出来当笑话讲的经历，包括我说相声。

鲁　豫：你还会说相声呢？

徐静蕾：对，会说相声。就是给我们准备了那种拖着地的大袍子，然后拿一个惊堂木那么一拍，说的就是侯宝林跟郭全宝的相声段子，我当时是说侯宝林。结果同学就被我们俩给气乐了。

鲁　豫：为什么？

徐静蕾：因为太不可笑了。当时两个人在台上，说的全是人家说过的那些话，但是一点儿都不可笑，而且整个儿是你说你的、我说我的，像完成任务背书一样。有的时候即便是说了一句觉得挺可笑的话，可下面完全是很愣地在看着我们。谁知最后说完的时候，大家轰地就都乐了，就是被我们俩给气乐了！

鲁　豫：很多师哥师姐都已经是明星了，你那时候有过明星梦吗？觉得那个明星梦离自己遥远吗？

徐静蕾：对我来说是越来越遥远。上一年级的时候自己还觉得挺得意的，毕竟刚上学，那个劲儿还没完全过去。到四年级的时候，我觉得是我最沮丧的时候，觉得一切毫无希望。其实我在三年级的时候已经演了《一场风花雪月的事》，但是好像也没有像期待中或者想象当中的那样，所以也就慢慢过去了。

21岁的徐静蕾，不愿也不敢上台去表演和排练，她很害怕在人前表现自己，总是躲在后边。上大三的时候，她幸运地接拍了一部由赵宝刚导演的电视剧《一场风花雪月的事》，这是徐静蕾第一次正式拍戏，她在镜头前居然紧张得连话都说不出来。平时本就很不善言谈的她，在摄像机面前更是不知所措，这种情形持续了很久。慢慢地，表演实践多了，徐静蕾才习惯在镜头面前表现自己。正是《一场风花雪月的事》为她铺开了之后的道路。

鲁　豫：我觉得你在这部戏里的形象不太像你，你刚才是不是也这样觉得？

徐静蕾：对，反正就是打扮得特别老气。

鲁　豫：赵宝刚导演为什么会找你来演这样一个角色呢？他当时怎么找到你的？是去你们学校招演员？

徐静蕾：对，选上以后去做造型、拍照片。那时候他挂了满墙的照片，都是穿着警服的。

鲁　豫：被他找去试镜时你觉得自己可以吗？

徐静蕾：当时因为有好几个人备选，我印象特别深的是那时候还在墙上看到了周迅的照片，我还跟导演说，这女孩儿太好看了，她演合适。

鲁　豫：拍的过程难吗？好玩儿吗？

徐静蕾：当然难了，在剧中我是跟濮存昕老师对戏。像姜武他们都是很会演戏、很有经验的那种，我就觉得自己很傻，每天去现场就像上战场一样。

鲁　豫： 你当时在拍这部戏的时候，期待它会一下子特别红吗？

徐静蕾： 因为当时赵宝刚导演刚拍《过把瘾》什么的，红得简直都不行的那种，所以自己当然也会想，会不会这个戏也像那样。当然，周围的人、学校的老师也都说："你要好好珍惜这次机会呀！非常好的机会！"

鲁　豫： 后来呢？在心理上对你有影响吗？

徐静蕾： 不能说打击，但总是有点失望的。原本认为这部戏能使我一下子有一个很快的飞跃，可事实上只有在发布会的时候能感觉到这部戏好像如何如何了，等自己回去以后倒也不觉得了。尤其是看完一些剪出来的片花以后，觉得演得太差了，完全连自己都不敢看，惨不忍睹！

鲁　豫： 对自己失望吗？

徐静蕾： 失望，而且觉得我可能压根儿不适合干这个工作。

在拍摄电视剧《将爱情进行到底》的时候，徐静蕾步入了生命中的第二十三个年头。在这部剧中，刚出校门的徐静蕾饰演了一个仍在读书的大学生，和以往不同的是，徐静蕾反而没有了之前演戏时的胆怯，整个过程她感觉非常轻松。

徐静蕾： 像李亚鹏、王学兵、廖凡这些人，包括那时候的编剧霍新，还有我的好朋友，一个叫陈琛的录音师，以及摄影师杨涛，我们私下就都是特别好的朋友，所以每每拍完戏以后，就一伙儿出去混去了。

鲁　豫：那过程肯定特别好玩儿吧？你们一帮人年纪都差不多大，而且大家都挺熟的。

徐静蕾：拍那个戏我特别放松、特别自然，因为身边的那些朋友都是生活中真的好朋友，大家在一起自然就有一个很轻松的气场，所以演戏的时候就特别放松。导演张一白，我们也是熟识的。

鲁　豫：我听说张一白一开始不允许你们出去玩儿？

徐静蕾：对，他一开始老站在宾馆的走廊那儿看着我们。因为他就觉得我们老出去玩干吗，应该好好拍戏，保持一个好状态才是。后来我们就偷偷地溜出去，因为他也不能老站在那儿。再后来他一看反正也拦不住，就说："那你们怎么也不带我出去玩儿一下啊？"

鲁　豫：关键是因为你们没带他去玩儿，他特郁闷。

徐静蕾：对，后来我就说他一定是因为我们不带他去玩儿，所以生气了，再后来我们就跟他一起玩儿了。其实拍这个戏还是挺痛苦的，因为当时这是张一白拍的第一个电视剧，他特别紧张，以至于所有的角度他都要拍一遍，远的、近的、正面的、侧面的，我的天，结果就是变成一个镜头要演无数遍。我印象特别深的一场戏是，我告诉雨森说我要参加田径队了，而李亚鹏是在后面的一个门那儿看着我，那场戏就是我要表现出一种特别高兴的情绪，一边蹦一边跳一边说。就是那场戏，我觉得我演了至少一百遍，就一直那样，到最后，我都快要和导演翻脸了。因为我觉得我不能再那样下去了，觉得自己很假。

鲁　豫：后来慢慢地走在街上开始有人认识你了，最初的那种感觉好吗？

徐静蕾：还挺好的，觉得特别新奇。我记得我第一次被人认出来是在呼家楼附近，是一个老奶奶。我正在街上走，她上来说："哎，你不是演那个吕月月的吗？"吕月月就是《一场风花雪月的事》里那个女警察。结果我当时特别紧张，特别不好意思。因为我觉得我演得特别不好，以至于我觉得她在说："哎，你不是那个吕月月吗？不是那个演吕月月的笨蛋吗？"

鲁　豫：人家可不是那么说的。

徐静蕾：其实我当时就是那种感觉，认为她潜台词是那个意思。因为事实上不管她潜台词是什么，反正我自己脑子里想的都是这些东西，自己心虚的结果。

对演员徐静蕾来说，最重要的三部戏便是21岁的《一场风花雪月的事》、23岁的《将爱情进行到底》，以及27岁的《让爱做主》。这三部戏无疑使得徐静蕾的面孔在观众的视线里变得熟悉起来，而这其中也掺杂了人们各种对她剧中所演绎形象的褒贬和非议。

徐静蕾：因为拍《让爱做主》，有很多人就说你干吗要演一个第三者？这样多影响形象！甚至到现在还有很多人很恨我，就是因为那个角色，因为我演了一个第三者。而且还有人说，这个第三者怎么还理直气壮地去跟江珊吵架？到现在还有很多人对这件事情耿耿于怀。

在《让爱做主》这部电视剧中，徐静蕾从之前的玉女形象，转为

大众心中不易被认同的“第三者”角色。在《让爱做主》中，她与江珊、王志文合作，这也是徐静蕾的第一次“转型”，从这时起，徐静蕾在演艺事业中有了不一样的突破。

鲁　豫：这个角色这么坏，这么不光明正大，却又真是挺理直气壮的。

徐静蕾：对，最逗的是我前两天在家里看《上海文学》，有篇文章里写的一个女孩儿是第三者，然后作者就说这个人长得就像徐静蕾那样，典型的第三者的样子。我看完这话真的特别生气，真的，我觉得这样说也太过分了，我怎么就典型的长得像第三者的样子？

鲁　豫：那个人一定是看了这部戏，估计也是先被你演那角色给气坏了。

徐静蕾：对，所以我说肯定到现在还有很多人因为看这个戏很恨我。

鲁　豫：其实别人要觉得你这事儿让他们特别生气，反而说明你演得好，反而是证明你的演技了。你觉得这部戏带给你的最大的收获是什么？

徐静蕾：转变，我从这个时候开始有转变了。其实这个角色，当时我演得还算比较丰富，是一个复杂的人物。《将爱情进行到底》中的文慧还是相对来说比较简单的人物，而这个角色就相对复杂一点儿。可以跟王志文、江珊一起演戏，我当时也是很高兴的。

鲁　豫：那个时候跟他们演戏有压力吗？

徐静蕾：那时候已经没有压力了。

鲁　豫：那时当导演的念头一点儿都还没有在脑海里面成形？

徐静蕾：没有。

鲁　豫：到什么时候才开始有的呢？

徐静蕾：其实是到拍完《我爱你》的时候，拍的过程中都没有，是在拍完以后看到简单的完成片的时候。

2001年，徐静蕾出演电影《我爱你》，这部电影是根据王朔的小说《过把瘾就死》改编而成的。当张元导演找到徐静蕾时，她非常高兴，因为这个“为爱疯狂”的角色是徐静蕾从来没有尝试过的，她也希望自己的角色可以就此变化一下。

鲁　豫：为什么？是突然一下子产生这个念头的吗？

徐静蕾：莫名其妙地就有了这么一个念头。因为当时惯用的拍摄方法都是长镜头，而在一个长镜头里面可能就需要演员自己来调整表演的节奏。所以我们基本上是一场戏整个演下去，机器就一直跟着你，旁边始终一个大炮、一个小炮，一直在跟着。其实张元导演是那种特别松心的导演，他在现场的时候，就是你们去演吧，然后你们自己排一排怎么弄，不大会给你讲要你怎么样。所以我觉得这种情况其实反而是激发演员自己的那种创作力。我觉得我就是在拍这个戏的时候被他激发了一下，后来又看了刚刚剪完的样片，我就想也许我可以试一试。我觉得我拍完《我爱你》之后，在表演上找到了一些跟以往不同

的东西，这时候就又不满足了，又觉得光是这样好像还是不够。另外我觉得通过拍《我爱你》，我自己觉得可以在剧中通过表演来控制节奏，我发现我这方面还能做得不错。

拍完《我爱你》后，鉴于自己在把握节奏方面的长处，很多朋友都鼓励徐静蕾去当导演，也正因如此，徐静蕾对自己的事业方向又做了一次重要的调整。

鲁　豫：有了想做导演的念头，觉得可以试一试，那怎么迈出这第一步呢?

徐静蕾：就开始自个儿写剧本。

鲁　豫：你是先想了好多故事挑了一个开始写，还是怎么着?

徐静蕾：我就是受一个小说的启发。那时我看了一个叫尹慧的写的《晚风中的共和主义》，是讲他跟他妈妈的故事，然后我当时就想，如果拍成一个父女的可能挺有意思的。因为我就觉得表现亲情的人物关系会很有意思，这中间也有我跟我爸爸之间的那种故事，也有别人的故事。可能因为我自己理想中的爸爸并不是我爸爸那么严厉的那种。

鲁　豫：总之就把你了解到的所有父女的故事都放在这个里边?

徐静蕾：对。

鲁　豫：写这个剧本难吗？时间长吗?

徐静蕾：三四个月吧，还可以，不是很长。

鲁　豫：写完以后自己满意吗？觉得这个东西是可以拍的吗?

徐静蕾：自己当然是比较麻木了，因为毕竟自己写了半天，也特别没底，根本不知道会怎么样。然后我就拿给别人，看别人的反应。

鲁　豫：如果别人觉得很好就决定拍了？

徐静蕾：对。

鲁　豫：拍戏资金怎么来呢？

徐静蕾：我自己投。其实我心理素质不是很好，如果让别人投资的话，我没底。毕竟我自己也没有什么拍摄经验，我其实也不确定自己是不是能把这件事情做到头、做完。

鲁　豫：你当时根本没有尝试一下从外面去筹措一些资金，或是找个什么人给你投一下钱吗？

徐静蕾：一开始尝试过，因为我是北影厂的，所以我就先给韩三平看，那时候他是北影厂的领导，看完后他说没问题。可我自己回去后又想，我这个人心理素质这么差，还是不要拿别人的钱了，因为拿别人的钱压力会太大的。

鲁　豫：可是我觉得做导演很难，我意识里总觉得导演在现场应该是叱咤风云，想说谁就说谁，特别厉害那种。我觉得像我就不能当导演，因为我根本不好意思说别人，可是我觉得你是一个比我还要不好意思说别人的人。

徐静蕾：你的“说”是指骂别人吗？

鲁　豫：就是在现场，你要特别严厉地说你怎么怎么回事儿什么的，好像你得有那种劲儿才能当导演似的。

徐静蕾：不需要这样。我们都是以理服人的。

徐静蕾有着令人毫无距离感的“邻家面孔”，表面看起来文静乖巧，却在骨子里有一种倔劲，或许正是她性格里那种略显奇特的力量使得她总能够把很多人吸引到自己的身边。最好的例子就是电影，每次徐静蕾拍电影，都会有很多人愿意帮助她共同完成电影尝试的全过程。

徐静蕾：他们自己就愿意来，比如叶大鹰，还有很多的人。其实我起初就是给他们看剧本，让他们看自己合不合适或者能不能胜任、喜不喜欢这个角色。当时叶大鹰看完剧本以后自己在被窝里哭了半天，然后就决定来演。后来他女朋友还说：“你怎么了？你哭什么呀？”他说是因为这个剧本。

鲁　豫：你还记得自己第一天上片场的心情吗？毕竟不是以演员的身份，是以导演的身份了，当时心里慌吗？

徐静蕾：慌，我就觉得我像一个冒名顶替了人家座位的人，就像是坐在别人座位上那种感觉。因为忽然所有的人都要等着你来发号施令了，我觉得那种感觉其实是挺恐怖的。

鲁　豫：就是说你要做决定，而且别人都要来让你拿主意，导演你看这个怎么办、那个怎么办。

徐静蕾：对，我觉得最难的就是每天要收到很多很多问题，然后你都要一一回答他们。比如说几点开工？几点收工？今天先拍哪个？后拍哪个？这个演员几点来？那个演员几点来？有很多繁杂的问题。

鲁　豫：等到这部戏拍完了，样片差不多剪完了，你自己觉得好吗？满意吗？

徐静蕾：我觉得不好，特别不好，还有一点点失望呢。因为我原来想象当中，有一天我第一次去电影院或者一个放映厅看我自己拍的电影时，一定会很兴奋的，但是我真看的时候就想找一个缝钻进去。当时因为我坐在后排，其他人都在前面看，所以我就挨个儿看他们的反应和他们的表情，而我自己却越坐越靠下，最后慢慢坐到座位底下去了。

正是这样一部令导演自己觉得“极为不满意”、“极不成功”，更是极为损耗了信心的“处女作”却最终获得了别人的肯定，这无疑给了徐静蕾继续在导演这条路上走下去的决心和勇气。

鲁　豫：第一个肯定这部戏的人是谁？

徐静蕾：第一个是剪接，就是在看完样片后，他说拍得挺好的，不错，比那个什么什么好看。

鲁　豫：这种时候会觉得别人的鼓励是特别重要的。

徐静蕾：对，我甚至会想，这是真的假的？

鲁　豫：知道得奖了以后呢？

徐静蕾：其实得的就是导演处女作奖，我个人是觉得挺高兴的。

鲁　豫：没人的时候没有激动得流眼泪吧？

徐静蕾：没有，我就是上台的时候忽然觉得自己好像有一点儿哽

咽，就赶紧跑下去了。

鲁　豫：获奖者都要上台的，你怎么能又跑下来了呢?

徐静蕾：评委都说，徐静蕾怎么连评委都不感谢呀？其实我完全是因为怕自己在台上直接哭出来了。

鲁　豫：那怎么了？我特别喜欢看人在台上领奖的时候哭，真的。每次奥斯卡颁奖我就希望人家哭，我觉得特别感动，就好像我自个儿怎么着了似的。

徐静蕾：我是没太在别人面前哭过，所以我觉得那样哭特别……反正不喜欢那样，就赶紧下来了。

徐静蕾的身份就这样悄然开始发生转变。在各种活动或宣传中，对她的介绍词也由“女演员”、“四小花旦”晋升为了“电影导演徐静蕾”。

《我和爸爸》获得肯定后，徐静蕾马上又着手开拍了自己的第二部电影。作为导演的徐静蕾所选的正是大师茨威格的作品《一个陌生女人的来信》。影片的拍摄完成在2004年年底，而“心理素质不佳”的“徐导”并没有大张旗鼓地将其推上宣传阵地，而仅仅是沿袭了她一贯的“低调”作风，只在上映前为影片举行了一个范围极小的试映。

鲁　豫：当时我去看了，我记得我是特别安静、特别专注地看完整部影片的。看的时候特别感动，因为那是一个挺感人的爱情故事。

很多人可能会想，徐静蕾为什么会拍一部这样的戏？刚刚走进大学校园的徐静蕾，在同一时间走进了茨威格用细腻的笔触构建的文学空间。当时看到的第一部作品便是后来被改编为电影的《一个陌生女人的来信》。这期间，十年的光景，当她再次读到这部作品时，不变的是字字扣心弦的感动，变化了的是经历了生活磨炼之后的自己。30岁的她，学会了成熟地思考，学会了在平淡的点滴中深刻理解生活。于是我们看到了十年之后成熟的她演绎的这部作品。

鲁　豫：看完后我觉得女主人公真的很可怜，觉得男主人公很坏。

徐静蕾：我就相反，我觉得这个男的很可怜，就只收到这么一封信。

从演员到导演，从单纯的电影表演到自编自导自演电影，徐静蕾经历着一个女人从20岁到30岁的稳步蜕变，而她的面容上依旧挂着那一抹淡定和从容。

鲁　豫：拍第二部戏比拍第一部戏好一点儿了吧？

徐静蕾：心里有谱、有准儿了，好一点儿了，但也不多。因为毕竟第一个戏相对来说还比较简单，而后者单从剧组人员的人数上讲，就多了几倍。因为它是一个很复杂的戏，又是在三四十年代的背景下，所以还是有难度。如果是拍同样的戏，我肯定会心情放松多了。其实这样一个戏又带来了另外的压力。首先是那么大的投资，再加上跟着

那么多最棒的工作人员，像李屏宾老师、曹久平老师、姜文，所以那时候我会觉得人家都挺好的，我不能是一个笨蛋！

鲁　豫：但我知道那会儿你特别怕接你们制片主任和副导演的电话？

徐静蕾：因为他老问我一些特别琐碎的问题，所以我看到他的电话号码就害怕。有时候觉得那都不应该是我管的事情，就像一天带几车沙土之类的问题。

鲁　豫：在片场，你是导演，你按照你的意见来办，周围的人会有意见吗？

徐静蕾：会，就像姜文老师。拍了大概半个月的时候，有一天他就跟我聊天，他说你来找我们拍戏，相当于你请我们来吃饭，所以你一定要对你请的那些人好一点儿，热情一点儿！听完我就想，难道我很不热情吗？因为我自己觉得我还挺热情的，这个问题就出来了。而且他说你要激发别人的创作欲望，要每个人都能来给你出主意、想办法，这样你这个东西才能变得更好。我回去很认真地想了他说的这些话，因为他说的我自己完全没有意识到。比如我觉得李屏宾老师，已经做得非常好了，所以我就觉得好像用不着我来鼓励他们或者怎么样，但实际上我发现，因为你坐在这个位置上了，你就是一个导演，所有人都在看你的眼色做事。这件事情做得好还是不好，如果你导演老是一副没有表情的样子，人家就会觉得有一点儿受伤害。姜文特别认真地跟我谈了这个问题，所以我第二天起就很注意，一下变得特别热情，见每个人都去握手微笑，说："啊，李老师好！"拍完一个就立马说：

“哎呀！太好了！”其实一开始的时候，觉得自己有点儿假，因为毕竟有时候我心里不是那么想的，但是说时间长了之后就发现其实你说什么并不重要，重要的是你是不是鼓励了大家，或者说你的情绪是不是能够让别人高涨一点了。

鲁　豫：你的性格可能是属于那种我知道你好，别人也都知道你好，所以我不需要再说你好了，反正你已经很好了。

徐静蕾：对，我就是觉得如果去说：“哎，你做得不错！”那就有点儿居高临下的感觉，所以我反而觉得我不能那样说话，那样反而不太客气、不太好似的。但事实上好像不是这样，这也是我自己一直在琢磨的一个事儿。

许多人对徐静蕾的印象是邻家女孩儿的感觉。有人说，徐静蕾清淡如菊，也有人说她芳雅似兰，还有人说她是绿茶，嗅之芳香扑鼻，入口回味长久。在人们心中，她有一点梦幻，有一点倔强，有一点恬淡，还有一点说不清楚的特别……

“我现在得到的东西已经大大超过了我想要得到的，即便以后我什么都不能得到，我也非常知足。”

“也许生命本身就带有不可避免的痛苦，既然免不了，不如尽量让自己快乐。如果思考导致了痛苦，那我宁可不要思考，尽可能做一些本能的选择。”

1998年，徐静蕾因电视剧《将爱情进行到底》一炮而红。作为演员，她凭借电影《我爱你》、《开往春天的地铁》、《我的美丽乡愁》获华表奖、百花奖、金鸡奖；作为导演，她曾凭借《一个陌生女人的来信》获圣塞巴斯蒂安国际电影节最佳导演奖，这是华语女导演在国际上获得的最高荣誉。

莫文蔚　非典型的美

Mo Wen Wei

莫文蔚被媒体称为一个很“鬼”的女人，鬼靓，鬼性格，鬼灵精怪，唱起歌来很“不正经”，却很吸引人。莫文蔚长得算不上漂亮，嗓音也喑哑，没多少穿透性，但独立洒脱、特立独行是她的作风，体态轻盈、现代骨感是她的气质，冷傲外表下隐藏不住女人的味道，火辣的演出表现了她自内而外的性感。

鲁　豫：我问了很多朋友应该怎么样来形容莫文蔚。他们用了很多的形容词，其中出现频率最高的就是“丝般长发”、“傲人身体”、“诱人美腿”、“性感双唇”，总而言之莫文蔚的全身都是宝。

很多内地观众对莫文蔚造型的最初印象，莫过于在电影《食神》中，满口暴牙的大排档摊主形象。观众看过之后，无不敬佩莫文蔚为了表演牺牲自己形象的敬业精神。

鲁　豫：为什么漂亮的女演员总是愿意在电影中牺牲自己的形象，把自己尽可能打扮得难看一些？

莫文蔚：最大的好处就是，大家看到你在影片里很丑，心里感觉你本人就是很丑，如果你不化妆出门在街上被大家看到，大家会说，哇！很漂亮嘛！如果在电影里造型很美，大家在现实生活中见到你可能会觉得你很丑。

鲁　豫：你在《食神》里面的造型是你自己要求化得那么丑的吗？

莫文蔚：也没有，本来第一次定的造型更丑，都近乎恐怖了，后来改动了一点才变成大家在电影里看到的样子。

鲁　豫：你在里面的暴牙是怎么弄的？

莫文蔚：用牙套啊！

鲁　豫：有这么难看的牙套吗？

莫文蔚：有啊，我现在还在家里保存着呢，因为是我拍的第一部颠覆造型的电影，所以我把那个牙套的道具一直留着。

鲁　豫：是什么材质的牙套？

莫文蔚：就是和老人家戴的假牙是一样的，只是我那个比较夸张一点，然后直接套在我的牙齿上。

鲁　豫：你第一次看到你在《食神》里造型的时候，你有没有感觉，天哪，我怎么会变成这个样子？

莫文蔚：我就是一直在笑，包括导演，现场所有的工作人员看到我那样子都在笑我，都没见过长这么难看的人。

娱乐圈鬼灵精怪的莫文蔚在节目中自曝视“哥哥”张国荣为白马王子。张国荣生前，他们是很好的朋友。莫文蔚更自曝，其实在她六岁时，就曾给参加一个比赛获奖的张国荣献花，而莫文蔚曾经在自己的演唱会上有一段跨时空的合唱《他不在路上》，就是为了纪念她和“哥哥”的缘分，感谢他一直以来对自己的关怀、照顾而演唱的。

鲁　豫：我还听说你在6岁的时候给张国荣献过花，是吗？

莫文蔚：对呀，那个时候他参加电视台的歌唱比赛，我妈妈是电视台的，他把我跟我哥哥带过去看比赛，然后我们在台下看到张国荣出来的时候，他穿了一身白衣服，当时给我们的感觉就是，哇！他长得好帅！那时候我和哥哥就记住他了，但是那个时候他还是个新人，刚刚开始参加唱歌比赛。

鲁　豫：你6岁的时候就能判断男孩子长得帅不帅了？

莫文蔚：对，看得出来。

鲁　豫：后来你再碰到张国荣的时候你对他提起过吗？有没有告诉他你6岁的时候就给他献过花？

莫文蔚：有，后来我跟他合作拍《色情男女》的时候我就跟他讲了这个故事。

鲁　豫：他还记得你吗？

莫文蔚：他记得当时他在参加唱歌比赛，肯定不会记得有一个小女生献花了。但是那时候我妈妈是电视台里的高层，那次唱歌比赛我妈妈还是其中的一个评委，以前那种女性的评委很少，所以张国荣记得妈妈。他就说，呀！原来你是谁谁谁的女儿啊！所以从那个时候开始，他就要我叫他叔叔了。

鲁　豫：让你叫他叔叔啊？

莫文蔚：对呀，因为他觉得自己应该是长辈。

鲁　豫：他不怕把自己叫老啊？

莫文蔚：不会啊，可能他还觉得很有面子吧。

大家很难想到，如今拥有整齐亮白牙齿的莫文蔚，童年时却一度遭受着由问题牙齿带来的困扰。

鲁　豫：你和你小时候的样子好像没有什么变化。

莫文蔚：对，变化不大。

鲁　豫：听说你小时候牙齿很不好？

莫文蔚：对，我小时在换牙的阶段牙不是很好，那时候我的脸也很小，换了新牙显得我脸很大。

鲁　豫：现在看很好啊。

莫文蔚：对，长大了就好点了。

鲁　豫：你现在回想起来你那个时候还没有像现在这么漂亮，是吗？

莫文蔚：我念书的时候真的不漂亮，那时候爱做运动，留着短发，晒得很黑，而且我那个时候还戴着眼镜，很丑。

鲁　豫：你戴眼镜？

莫文蔚：对呀，就是以前那种很土的眼镜，而且我那时候还戴牙箍，反正那时候我很丑，不能看就对了。

鲁　豫：跟《食神》里的那个角色有相似的地方吗？

莫文蔚：嗯……那时候我的牙齿是脏脏的，戴着个牙箍，他们都给我起“钢牙妹”或者“大白鲨”之类的外号。

和多数家境贫寒的艺人不同，1970 年出生的莫文蔚，因为母亲是香港电视台的高层而从小就受到了良好的教育，通晓普通话、粤语、英语、法语、意大利语 5 种语言，除了进行常规的文化基础教育之外，她还在妈妈的鼓励下，接受了很多专业的艺术教育。同学们都在练习钢琴的时候，她却扔掉了已见起色的钢琴，固执地学起了古筝。对于童年时期的莫文蔚来说，灵巧的双手为她赢来了很多来自老师和同学的赞誉。

鲁　豫：让我看看你的手，我觉得你的手也很细长。

莫文蔚：都是骨头。

鲁　豫：老人家有一句话这么说，“女子手如柴，无才也有财”，就是说女孩子的手骨感一点就比较有福气。听说你的手也很灵巧，你会弹什么乐器？

莫文蔚：我学过钢琴，十几岁的时候也学过古筝。

鲁　豫：哪个弹得比较好？

莫文蔚：还是古筝弹得比较好一点，因为钢琴我从小就学，学了有十年之久，我觉得有音乐基础就行了，所以就把钢琴丢掉跑去学古筝了，觉得古筝比较特别一点。

鲁　豫：我记得你曾经在某一次的演唱会上弹奏过古筝？

莫文蔚：每一次开演唱会都会弹。

鲁　豫：熟悉莫文蔚的人都知道，她后来去意大利念了高中。你当时为什么要去意大利念高中呢？

莫文蔚：因为特别啊！一般香港人去国外念书，都是去英国或加拿大，我刚好有一个机会可以去意大利，然后我就觉得听起来好浪漫啊！很有型。

鲁　豫：而且意大利的男孩子都很帅。

莫文蔚：我本来也是这么以为的。

鲁　豫：难道事实不是这样的吗？

莫文蔚：不知道怎么回事，我遇到的大部分意大利男孩子都不是很帅。

鲁　豫：你去了意大利的哪个城市？

莫文蔚：在意大利东北部的一个城市，不是那么热门的地方。

鲁　豫：你要去米兰可能就会遇见很多帅哥了。

1989年，高中毕业的莫文蔚考入伦敦大学，主修意大利文学专业，在伦敦大学求学的过程中，音乐带给莫文蔚无穷的快乐。她经常靠唱歌来排解身在异乡的孤独，并且还专门研修了声乐专业。临近毕业时，本想留在伦敦搞舞台剧的莫文蔚被香港星光公司发掘，并且很快出版了自己的第一张粤语唱片《KAREN莫文蔚》，但是，这一次莫文蔚的嘴巴为她换回的却是致命的打击。

鲁　豫：《KAREN莫文蔚》是你的第一张专辑？

莫文蔚：对。

鲁　豫：看那时候你的形象像是走的“玉女”路线。

莫文蔚：就是要表现得比较淑女一点，比较自然舒服的样子。

鲁　豫：那时候要把你打扮成什么样子？是不是要穿白裙子，或者是带蕾丝花边的淑女裙？

莫文蔚：有一阵子公司这么要求过，但那是好久好久之前的事情了，1993 年我刚入行的时候吧。在香港、广东出唱片，第一首主打歌出来的时候他们就要求我一定要表现得很乖的样子，反正每个女生刚出道的时候都先做一段时间淑女，然后才慢慢走性感路线。

鲁　豫：那时候把你包装成一个淑女，你喜欢吗？

莫文蔚：不喜欢，反正就觉得一点都不像我。

鲁　豫：是谁发现你会唱歌的呢？

莫文蔚：之前我在英国念书的时候，我跟雷颂德（香港著名的电子音乐制作人）就认识了。他当时也是学生，我们俩会做一些歌曲的录音带寄到香港这边。

鲁　豫：你当时在国外读书的时候有没有登台唱过歌？

莫文蔚：在学校里有。

鲁　豫：听说你刚出道的时候，第一张专辑卖得不好，只卖了 800 张，是吗？

莫文蔚：可能更少一点。

鲁　豫：你自己买了多少张？

莫文蔚：还好了，顶多几十张而已，送朋友嘛。

鲁　豫：出完第一张专辑的时候是什么心情？会不会期待着自己的专辑热卖，然后一炮而红？

莫文蔚：没有，我没有想过要一炮而红，我觉得那不是理所当然的。

鲁　豫：后来那家唱片公司倒闭了，是吗？

莫文蔚：对对对，但不是因为我啊！

鲁　豫：你当时有没有觉得有一点遗憾？才卖出来几百张。

莫文蔚：没有，我觉得能够出一张专辑已经很幸运了，因为我签那家公司的时候它才刚刚成立。签了我之后又签了很多大牌，像罗文啊，李克勤啊，但是我的状况是中间换了几个老板都没发到我的专辑。其实歌都录好了摆在那儿，就看着公司不停地换老板。在换到第四个老板的时候终于给我发了。所以我觉得很幸运，至少有发到我。

鲁　豫：那时候有歌迷吗？有没有人认识你？

莫文蔚：也有一点点啦，因为我不只是发了一张专辑，我还在电视台做一档儿童音乐节目的主持人。

鲁　豫：你还记得第一个找你签名的人吗？

莫文蔚：第一个呀……好像不记得了。

鲁　豫：我问过很多的歌手和演员，他们都说还记得第一个找他们签名的歌迷或者影迷。

莫文蔚：啊！我想起来了，有两个女生，她们本来是李克勤的Fans。有一次是李克勤的一个记者会，我们公司让我也过去支持一下，在媒体面前露露面，然后有两个女生就跑过来找我签名，从那以后就喜欢我了。

鲁　豫：就不理李克勤了，开始喜欢你了。

莫文蔚：有没有再理李克勤我就不知道了，那两个女生现在也是很喜欢我，经常来看我的演出。

鲁　豫：你的第二张专辑就完全是变了一个形象，据说是光头，衣服穿得也很少？

莫文蔚：完全没有穿衣服。

鲁　豫：是光头、裸体的一个造型？

莫文蔚：对。

经历了第一次发片失败之后，莫文蔚离开香港远赴台湾发展，却依旧坚持着自己的演唱风格。1996年，台湾滚石唱片公司为莫文蔚出版了她的第二张粤语唱片《全身》，在这张唱片的造型包装上，莫文蔚刻意地剃了光头，并以全裸的照片作为唱片的封面。当年几乎香港每一家唱片店里都会挂一张光头、裸背的宣传海报，但是吸引眼球的海报却并没有为莫文蔚赢得唱片市场，莫文蔚再次尝到了失败的滋味。

鲁　豫：当时你是怎么下决心要去剃光头的呢？

莫文蔚：其实在之前我拍王家卫导演的《堕落天使》的时候，我要把头发染成红色的，拍完之后我的头发就变得很糟糕，我就干脆跑去找理发师让他帮我把头发剃光了。记得那时候我去发廊，所有的理发师都跑过来，因为他们没遇到过要剃光头的女孩子，所以都跑过来说：“哎，我可以剃一刀吗？”结果他们就每个人一剪刀地剃完了。

鲁　豫：你的唱片公司不管你吗？你剃光头之前有没有先征求唱片公司的意见？

莫文蔚：因为之前的那个唱片公司倒闭了嘛，所以换了一家新公司以后我可以有一个新的形象。

鲁　豫：第二张专辑封面上那张全裸的造型是你自己设计的吗？

莫文蔚：对，理论上好像没有唱片公司要求歌手一定要拍个全裸的照片。我当时是自己想到，如果有机会拍一组全裸的、趴在地上的照片应该会蛮好看的。公司听说以后就说，那不如现在就拍吧。

鲁　豫：可能公司怕你会反悔。

莫文蔚：对对对。

鲁　豫：当时拍的时候现场会清场吗？

莫文蔚：不相干的人都没留在现场，只有需要用到的工作人员才留下。

鲁　豫：你在拍之前有没有做一些锻炼身体某个部位的运动？

莫文蔚：没有刻意去做，其实我平时一直都有保持游泳的习惯。

鲁　豫：在第二张专辑之后你就没有再试过剃光头了吗？

莫文蔚：没有了，其实我当时是很极端的想法才去剃了光头，剃光之后我就会想要它再慢慢地长长。

鲁　豫：所以现在不会回到那个极端的状态了？

莫文蔚：不会再像以前那样没有原因的就剃光了，除非是拍戏需要。

因为在歌坛发展的道路上遭遇到了巨大的障碍，莫文蔚开始转向电影表演。在拍摄了电影《清官难审》之后，莫文蔚出演了王家卫导演的电影《堕落天使》并一举夺得香港电影金像奖的最佳女配角奖。在电影《堕落天使》中，莫文蔚那双勾人的眼睛所流露出来的敏感、诱惑的眼神，引起了周星驰的注意，于是就有了电影《大话西游》中莫文蔚与周星驰的合作。

鲁　豫：听说你第一次去见周星驰的时候，根本就不知道这个导演是一个很有名的演员。

莫文蔚：我知道他是谁，可是因为之前我离开了香港很多年，我离开香港的时候周星驰还在电视台主持儿童节目，还没开始拍电影，我走了这么多年也没有留意香港娱乐圈的新闻，所以我并不知道他已经变成了香港最红的电影人。

鲁　豫：所以你反而能很轻松地去见这个导演？

莫文蔚：对呀，就因为这样反而没有任何压力。

鲁　豫：在拍戏的过程中呢，觉得拍《大话西游》的时候好玩吗？

莫文蔚：很好玩，因为我是第一次到外面去拍戏，是去银川那边拍，就什么都很新鲜。后来其他演员说，哇！拍这部戏真的很苦啊！但是我就一点都不觉得苦，我觉得很好玩。

鲁　豫：你跟这么多演员合作过，跟谁的合作是你最难忘的？

莫文蔚：当然是周星驰了，因为和他合作得也比较多，《大话西游》、《食神》都是和他合作。

鲁　豫：你们拍这种戏不会笑场吗？

莫文蔚：当然会了，常常拍到一半的时候，大家就已经笑得不行了，尤其是拍《食神》的时候。可是一般都不是我先笑，都是其他人看到我的样子后就开始笑。其实周星驰拍电影的时候是很严肃的。

鲁　豫：他不会笑场吗？

莫文蔚：他也会笑场。可是如果他不先开始笑，其他的人也不敢笑，因为其他人先笑场他可能很凶。除非是他自己先笑了，那全场的人就会很放心地跟着他笑了。

鲁　豫：你还好，你不会笑场，对不对？

莫文蔚：我不会在拍的时候突然笑，我会尽量忍着的，不然无意伤害到别人就不好了。

鲁　豫：我总觉得你很少在电影里以美艳的形象出现。

莫文蔚：对呀，就《大话西游》里面还算美艳。

鲁　豫：你是特意不让大家注意你长相，只让大家专注你的演技，是吗？

莫文蔚：也不是，我也很想演那种花瓶啊！可是没有人找我。主要是大家都觉得我比较前卫、大胆，我比较适合出演一些特别的或者是有个性的角色，像同性恋啊，女古惑仔啊，反正很少会有导演找我演一个娇滴滴的、美艳的美女。

拥有美妙的身材在演艺圈中算不上什么特别，但是被公认为拥有美腿的艺人却为数不多，她那双足以步上T台的美腿，如今已成为莫文蔚的代名词。在2005年成都的一场演唱会上，主办方就为莫文蔚那双美腿买了巨额保险，投保金额高达3000万。

鲁　豫：真的给你的腿投保3000万吗？

莫文蔚：从头到腿都有投保，有时候拍广告啊什么的，头发也要投保。

鲁　豫：那你全身都保了险，是分开来保险的，是吗？

莫文蔚：对。

鲁　豫：如果你的腿不小心碰到了，他们就会赔你钱，是吗？

莫文蔚：我的腿常常会有瘀青，保险公司也没有赔啊！我觉得保险好像没有什么作用，除非是出了大的问题。

鲁　豫：你的腿是天生就这么性感吗？

莫文蔚：我觉得这和我经常跳舞、经常运动有一些关系。

鲁　豫：你平常都做什么运动？

莫文蔚：很爱游泳，有时候也会去健身房。

鲁　豫：你去健身房会有很多人看你，你不觉得烦吗？

莫文蔚：不会啊，他们看着我，我也看着他们，就没事了。其实我觉得没有什么大不了的，只是工作性质特殊而已，如果有人认识你跟你打招呼，我觉得也是大家喜欢你、对你比较有礼貌才这样做。这不会对我有什么干扰。

鲁　豫：我觉得做艺人有一点不好，就是不管你今天心情多么不好，第二天你该以灿烂的笑容面对大家的，还是得这么做。

莫文蔚：对，我的个性还好一点，当然也会碰到一些不开心的时候，但是我会很快调节好自己的心情，尤其是我一登上舞台的时候，一看到这么多观众都那么喜欢我，就什么不开心的事都忘记了。

鲁　豫：所以很多人对你的印象，除了你五官和性感的身材外就是你灿烂的笑容。

莫文蔚的性感出众表演是大家众所周知的，在她的演唱会上，无论是与哪位大牌男星合作，她都会有不同的激情表现。对于经常身着性感服饰表演的莫文蔚来说，美妙的身材是她引以为豪的资本。为了保养出美妙的身材，莫文蔚一直保持着良好的生活习惯。熟悉莫文蔚的人，除了对她那绝好的身材赞叹不已外，难免会被她自信、阳光、亲切的笑容所感染。天生开朗的莫文蔚，不仅对事业保持着乐观的态度，对于演艺圈里向来复杂的爱情生活她仍然以积极、乐观的心态去面对。

鲁　豫：你想过要结婚吗？

莫文蔚：没有，从小到大都没有认真地想过要什么时候结婚，什么时候生小孩。觉得这种事情是即兴的，就是突然有一天想到要这样做就会做的。

鲁　豫：你在生活中是一个什么样类型的女朋友？是一个小鸟依人式的，还是野蛮女友式的？

莫文蔚：都不是，我觉得该撒娇的时候就要撒娇，该坚持自己想法的时候也应该有自己的想法。

个性张扬的莫文蔚创造了一个新词："莫氏性感"。她的五官写满风情，充满了热带幽情的冷漠和幻灭。她不漂亮，嗓音也喑哑，声音没多少穿透云霄的天赋，观众却爱她独立、洒脱的歌，以及自恋的性格。自恋就是对自己负责——21世纪的莫文蔚这样告诉所有人，于是自恋成为个性的代名词，在这个人人都要张扬个性的年代，开始大肆流行。

莫文蔚是我们这个时代的异端，呼吸之间璀璨，创造出种种非常态的性感。

“性感是一种化学元素。视觉上的性感与本身散发出的性感，媚俗的性感与优雅的性感，是两个不同的层次。一个人内心的价值观、对人的态度和行为，比裙子的长短更重要。”

莫文蔚是英国伦敦大学的高材生，掌握多门外语及乐器，在华人娱乐圈中是一位非常成功的艺人，在整个华人地区都拥有很高的知名度。1996年，凭借电影《堕落天使》，莫文蔚获得香港电影金像奖最佳女配角、金紫荆奖最佳女配角。1997年，她又凭借电影《食神》，获得台湾金马奖最佳女主角提名、香港电影金像奖最佳女主角提名。同时，她还是CCTV-MTV音乐盛典最佳女歌手和台湾金曲奖最佳国语女歌手。

金星

逆向旋转的星球

Jin Xing

一次成功的变性手术，让她完成了人生的第一次转折；一个偶然的机缘巧合，让她尝到了初为人母的快乐。时过境迁之后，面对磨难永远坚韧勇敢的金星，依然对生命充满了感激，她说："做女人，我想过；做母亲和做妻子没有想过。所有这一切，我觉得都是礼物。"

在绝大多数人眼里，金星是异类。但她很勇敢，敢于把自己从七尺男儿变成女人。与她的勇敢相比，倒像是我们，似乎没有那么大的勇气去接受她。

鲁　豫：现在你的生活中，还有用异样的眼神，在背后窃窃私语的吗?

金　星：没有，几乎没有。

鲁　豫：是没有还是你不太在意?因为你的心态非常好。

金　星：对，我不在意，可能是我不在意，因为我觉得人们说是太正常的事了。因为人们要说他们生活中很特殊的一件事。谈到金星，人们可能会说，啊，听说过，金星是一个很特殊的人。我觉得这个是很正常的，人们有评说的权利。我就经常跟我自己说，你向生活、向生命讨了这么大一份自由，你还不把评述的自由给别人?他们说的不影响我任何事情。我这个心态，可能从迈出医院的那一天起就开始培养了。有一次我坐出租车，司机问我："你的声音好像是很低沉嘛。"我说："是啊，以前我是个男孩子，现在是个女孩。"他说："你开

玩笑吧？”我说：“不开玩笑，怎么就不会呢？”他说：“是嘛，哎呀，那挺好的。”其实我觉得很简单，没有什么可回避的，也不把自己弄得特别尴尬。

鲁　豫：你现在坐在我面前讲话，这种讲话方式和言谈举止，是你作为艺术家把它塑造出来的？还是就是你很自然的表现？

金　星：我以前就是这样子。我说话的声音、语速、手势和眼神，跟以前一模一样。所以，了解我的人，包括我的同学，见面之前都想，哎呀，金星现在是不是变得跟以前不一样了？他们特别紧张。但见到我以后，不到两分钟，就都觉得，哎呀，她还是原来那个样子。我还是原来那个样子，所以我在同学圈里头有个外号叫“玻璃鱼”。

鲁　豫：“玻璃鱼”是什么意思？

金　星：全透明的，特别透明的，骨头肉全看得清清楚楚，心里想什么说什么。我没有想到要塑造一个什么样子，我现在的样子就是我自己最舒服的样子。全世界有很多做了变性手术的人，我知道在欧洲有一些还是比较优秀的，有些从女性做到男性，他们做到非常成功的律师、议员，还有电视台节目主持人。但在亚洲，可能人们受到泰国文化的影响，很多人做了变性手术，却可能追求了另外一种生活方式。所以当我出现的时候，并不是我这个人该怎么面对社会，而是应该清楚，在日常的社会概念中，做了变性手术的人应该是什么样子的。很多人在听到金星以后，没见过我之前，想象金星肯定是浓妆艳抹，夸张的服饰、鲜红的嘴唇、长长的指甲，走起路来特别扭怩、特别夸张的那种女性形象。当很多人见到我的时候都觉得，哎，她不是那样的啊，失望的同时可能也就接受了。我说是不是让你们失望了，我并没有你们想象的那种夸张的化妆、那种特别的装束。虽然行为上我做了性转换手术，但是我从生活的态度上和生活的定位上完全是一样的。

1969年，金星在辽宁一个小县城出生，是家里唯一的男孩，但他从小特别喜欢唱歌和跳舞，喜欢所有女孩子关心的事情。9岁时，金星考入沈阳军区前进歌舞团，1984年曾在解放军艺术学院舞蹈系深造。19岁时，金星作为中国第一位现代舞演员，去美国研习西方现代舞。1993年，金星修炼成舞蹈大师，并带着一个重大的决定回到中国——他要改变自己的性别，从此做一个女人。

金　星：其实我的这种想法，在我19岁到美国的时候就有了。但是从19岁到28岁这么长的时间，其实我是在思考，在调整心态。手术很简单，在医院待上几个月，或者个把小时，你就解决了这个Physical的问题。但最难的并不是在医院的那个过程，是你走出医院开始面对社会，这个心态我准备了八年多时间。我觉得我的社会能力、待人处事和我的事业不会受到影响，可以继续做我喜欢做的事情，最后我才走向这一步。

鲁　豫：那这八年等于你每天都自己跟自己对话，一个人说做，另一个人说不做？

金　星：对。而且这两个人像个天平一样，每天把这个筹码，放这边一点，放那边一点，到底哪个更重要？而且考虑你从小从事艺术，你对生活，包括对自己有一个很完美的要求。如果我自己是一米八几的个子，膀大腰圆的，我可能会放弃这种想法，找另外一种方法去平衡我的心态。但是我觉得上帝给了我这么好一个条件，从我的事业角度上，可能只会拓宽。如果我自己把握得很好、做得很好，在我的事业角度上，以前只是做一个男性舞蹈演员，现在作为女性舞蹈演员，我除了演舞蹈以外，演活剧、演电影，各个方面都可以拓宽。所以我觉得，好，我就走这一步。

鲁　豫：我知道在做这个手术之前，医生会问你很多问题，来综合考虑你适不适合做这样的一个手术。但是也有很多人做完手术以后，因为很痛苦而后悔。你在痛苦的时候有过后悔吗？

金　星：没有。进手术室的时候，医生问我说你有多大把握，我说 50%。

鲁　豫：是什么意思？

金　星：他的意思是说自信心有多少。

鲁　豫：能够承受多少？

金　星：对，承受多少。他说："50% 你就敢做这么大决定吗？"我说："另外 50% 我扔到天上去了，看上帝怎么处置我了。"当时我进手术室并没有紧张，整个变换过程需要几次大手术。我每次上台的时候，有很多朋友都拿摄像机来拍整个过程。

鲁　豫：我看过一些。

金　星：我进手术室的时候，不像一般人进手术室就几个无影灯照一下完事了，而是打了很多灯，有进了摄影棚的感觉。我说又上台了，只是上的手术台不是舞台。

与当年内地的思想状况和大多数做变性手术的人相比，金星在心理上保持着更为健康的状态。手术的疼痛自然难免，金星咬着牙关挺过来了。在她的脑海中，一幅术后生活的蓝图已经构成，然而命运再次和金星开了个玩笑。

鲁　豫：你当时做完以后有一阵儿，医生说你的腿不行了，跳不了舞了？

金　星：我腿残废了，可以申报二级残废的。

鲁　豫：现在还是吗？

金　星：现在左腿照右腿还没有完全恢复，现在只有70%。

鲁　豫：当时是怎么回事？

金　星：跟我的变性手术一点关系没有，当时手术16个小时，护士们没有照顾到，左腿托在膝盖窝那个托架滑落了，滑到我小腿上了，小腿全部肌肉痉挛，从小腿以下到脚之间的神经全部坏死。

鲁　豫：那是怎么恢复过来的呢？

金　星：我比江姐厉害多了，腿上插的所有针通上电，每天得电击。我坐轮椅坐了两个月，拄双拐拄了一个月，从双拐又变成单拐。医生当时诊断说我就是好了也是个瘸子，跳舞想都别想。但我相信不会的，当时我在医院里就跟自己讲，好事多磨，如果再能站起来，那我就是真正的强人，我真是有能力的女人。

鲁　豫：但是你有没有觉得我可能这一辈子就跳不了舞了？

金　星：我不相信。真的，我当时就不相信。医生就在隔壁诊断、开会，我妈妈哭得呼天喊地的。我的朋友从美国过来专门给我打官司，准备起诉，讨回一千万的赔偿。但是我觉得这些都是不重要的。我躺在床上，一个星期以后，我突然看到我的左腿之间微微动了一下，我赶紧打电话说，撤诉，没问题，我这腿能恢复过来，就是可能得吃很多苦。然后我就开始每天拖着身体，带着伤口到医院针灸，通上电。这样反反复复三个月以后，当我站在舞台上的时候，可以算是个奇迹了，医生怎么都不敢相信。但是只有我自己和我的舞蹈演员知道，我这个腿还没有恢复好，因为左腿的温度是冰凉的，右腿是正常的。所以我把舞蹈动作全放在右腿上了，观众看不出来，但是我自己知道。

鲁　豫：那时候你从来没有绝望过？我花了那么大的代价，吃了那么多苦，却有可能跳不了舞了。你从来没有这种怀疑？

金　星：我没这么想过。当时我只是对自己说，你要求的东西和你付出的是成正比的。我觉得老天爷还比较照顾我，坏的是肌肉和神经的东西。我毕竟是搞舞蹈的，从小就知道怎么恢复它，怎么面对这个问题。任何一个手术都不是百分之百成功的，在我的性转换手术上，我是非常成功的，没有任何遗留症，留下一个东西是给你的腿留个记号，你做了一件特别与众不同的事情。能不能承受住它，这真是对我的挑战。第一天在保利大厦谢幕的时候，我掉下了眼泪，很多我的同学和老师们，都在掉眼泪。因为三个月以前，他们认为金星差不多残废了，没想到我还能跳舞。所以站在舞台上的时候，我觉得人别跟别人比，战胜自己就行了。

金星的确是命运的宠儿，不过，上帝似乎只帮助那些乐于自我努力的人。金星不但没有变成残废，而且再次在她钟爱的舞台上赢得了掌声。1996年年初，金星在出院第3个月便拖着没有温度的左腿演出《红与黑》专场。这是内地第一次公演现代舞专场，一时座无虚席，但很多观众不是来看金星的舞蹈，而是来看金星变成了怎样的女人。然而，演出结束时，金星技艺精湛的舞蹈已征服了他们。

鲁　豫：我觉得你的家人也很了不起。

金　星：很感谢他们，我觉得他们对我的事情可能理解不到多少，但是我觉得他们的爱在支持着他们所有的想法。

鲁　豫：我觉得接受就很好，你让老人去理解这些很难。我想知道他们的称呼从什么时候改的？是突然就改过来了吗？

金　星：从我住院那一天开始就变过来了。

鲁　豫：后来就没有再出过错？

金　星：出过错，出过错，但现在很自然。我觉得自己生活改变了，也让他们改变了很多，觉得好像有点对不起他们。好在他们理解我，尊重我的个人选择。其实我当时最担心我的父亲，我父亲特别传统，军人家庭出身，他本身又是个军人，特别正统的。而且在我父亲这一家老金家中，大爷、姑姑、叔叔这一辈当中，只有我这么一个男孩，所谓老金家就靠我传宗接代了。当时我把这个想法提给父亲的时

候，我以为他会很不理解或大发雷霆，但他很安静。他点着烟看着我，说："终于对上号了。小的时候我就看你像个女孩，比如玩的东西，比如做事，二十八年后你找到你自己了，祝贺你。"我跟母亲沟通特别多，母亲只是担心这么大的手术，不要留下后遗症才好，做男做女都无所谓，反正都是我的孩子，只要你自己幸福就好。我父亲好像比我母亲更坦然，是他亲自到派出所给我换的身份证，然后把我送到北京，才做的手术。家里的支持，我觉得比什么都重要。

父母的支持使金星完全没有来自家庭内部的压力，开始全身心地投入她所迷恋的舞蹈事业中。她创办"北京现代舞蹈团"，在内地成功举办了一系列轰动的现代舞演出。在这个过程中，她把自己的舞蹈才华发挥得淋漓尽致，同时还培养出了一大批舞蹈人才。然而，对于一个做过变性手术的人来说，金星情感世界的秘密似乎更加令人好奇。和金星谈话实在是一件轻松愉快的事情，她让我没有任何的心理负担，因为她非常坦然，心态又那么健康，用她自己的话说是一条"玻璃鱼"。我们谈到了她多彩的感情生活，这个时候她又变成了一条"玻璃鱼"。

鲁　豫：你的感情生活特别丰富多彩?

金　星：比较丰富，对感情永远是个孜孜不倦追求的人，而且在我生活中也充满了"再见"，我也不会觉得奇怪。

鲁　豫：为什么呢?

金　星：分手是很正常的，也是挺自然的一件事情。

鲁　豫：两个人相爱是为了在一起，不是为了……

金　星：是为了在一起，但分手都是很理性的分手。我觉得我老了以后可能还是孤独地一个人过，但是没关系，起码我有很多的回忆，每一阶段我都可以回忆，哪怕我们只相爱了一个星期，这一个星期起码是我真心付出的，我不珍惜他的感情，我还珍惜我自己付出的感情。所以每次我和男友分手的时候，都是心平气和的，大家可能做不了恋人，但还可以做朋友，或者是朋友很难做，那没关系，把那段留在那里。所以到目前为止，我还是一个人生活的时候，我还有很多的回忆。

鲁　豫：你从来没交过女朋友吧？

金　星：没有。

鲁　豫：以前是男孩子的时候也没有交过？

金　星：没有，连女孩子的手指头都没有碰过。

鲁　豫：所以你从小就是一个纯粹的女孩子，看到女性都觉得我们是一样的。

金　星：看到女孩子就觉得挺好看的身材，我觉得我也会有的，只是今天还不是时候。

鲁　豫：有最让你刻骨铭心的一段吗？

金　星：初恋是19岁的时候，和那个得克萨斯的牛仔，为了他我搬到得克萨斯，跟他放牛放了三个月。当时特别疯狂，觉得爱情是第一位的，事业都不重要，什么舞蹈不舞蹈，就放弃了。后来我又回到了纽约，因为他觉得我还是属于纽约。

年轻冲动的金星曾为爱情牺牲过事业，但这种疯狂的状态很快随着岁月流动一去不复返了。金星向往欧洲的浪漫，他便从纽约搬到意大利，与一位心理医生开始了又一段刻骨铭心的爱情。金星变成女人后，对爱情的投入同样执着，而她的坦然，让她变得更加娇艳动人。

鲁　豫：跟你在一起的男人，从来都不会介意你的过去，你的特殊经历？

金　星：他必须了解，他必须知道我是何许人也，我不是为了他，而是为了我自己，为了让我自己心里轻松。

鲁　豫：有没有过那样的人，不知道你是谁，先爱上你了，然后知道你的故事以后，会感觉有障碍，曾经有过这样的人吗？

金　星：没有。只要我们发生交流，我肯定会告诉他我是谁。后来有些人可能因为心理上毕竟没有这种承受能力，慢慢把这种感情转化为尊重，成为了非常好的朋友，我觉得那更好。我很坦然的，谈感情的对方一定要让他清楚，我是怎么回事。

鲁　豫：会想到婚姻吗？

金　星：顺其自然。开个玩笑，我说我结婚我就到柬埔寨去。

鲁　豫：为什么要到柬埔寨去呀？

金　星：因为我特别喜欢柬埔寨那个地方，虽然战乱挺乱，但我还是觉得是一个安宁的地方，很美的地方。我觉得这个对我来说不重要，我不在乎那一张纸。

在舞台上，她光芒四射，这位中国式现代舞创始人特立独行的个人生活也广受关注。她半开玩笑半认真地将自己执掌的生命张力形容为一场全中国最大的行为艺术，并坚定地维持着，等待社会的评判、认同和接受。她的变性、她的婚恋，并非刻意营造，而是个体真实的需求。她用女性的柔韧与男性的刚强为自己的生活讨得一份自由，同时也豁达而自信地把评说的自由交给众人。

1999年，金星在上海创立“金星舞蹈团”，她的舞蹈事业在这里延续，而母亲意外地为她领养了一个弃婴。金星说，这是她从母亲那里得到的最为珍贵的一份礼物。

鲁　豫：你从什么时候想要做一个母亲？

金　星：我从小就特别喜欢孩子，但当母亲我觉得可能离我很远。根据我个人的生活经历，我觉得这个愿望不可能实现了，也就放弃了。但是跟我妈妈聊过，就是以后有机会的话，可以收养一些孩子。我觉得我儿子来到了我的生活，不是我选择了他，是他选择了我。特别巧合，在他出生那一天，我妈妈正好到医院去看她的一个老战友，如果那天我妈妈不去看老战友的话，这事情也就不会发生了。所以我觉得完全是这个小生命选择了我，我这三十几年当中最大、最好的礼物就是我儿子。

鲁　豫：当时是怎么回事呢？你妈妈去医院怎么就看到正好有这样一个孩子？

金　星：这个孩子是个私生子，女孩无法抚养这个孩子，她当时就想把这个孩子给人。当时医生觉得这个孩子很好，想要，但这女孩子就不给，抱在怀里头。我妈妈正好在隔壁看她的老战友，挺好奇地去看了看，我妈把这个孩子抱过来，一抱过来以后，我儿子闭着眼，还睡觉呢，闭着眼睛就冲我妈妈笑了。缘分！那个女孩子就说："阿姨，你要这个孩子吗？"我妈妈问："你给我吗？"她说："您这么大年龄，怎么带这个孩子？"我妈妈说："正好我有个女儿不能生孩子。"那女孩说："那太好了。"然后她就收拾东西，签了个字走了。我妈妈当时没敢跟我说，就把这个孩子在医院放了两天，检查以后就抱回家了，抱回家两个星期以后才跟我说。两个星期以后我正好过33岁生日。第二天，妈妈说："你当妈了，祝贺你！"我当时一点都不奇怪，你知道为什么吗？在多少年前有人给我算命，说我33岁当妈。

鲁　豫：真的吗？

金　星：太巧了，我觉得就像安排好的一样。因为多少年前给我算命说我33岁当妈，我当时当一个笑话，我觉得这人这么胡说八道。

鲁　豫：在你妈妈收养这个小孩子之前，你们俩商量过这些问题吗？

金　星：没有，我妈妈是一个特别……

鲁　豫：你妈就觉得你该有一个小孩了。

金　星：对。我妈觉得我生活不能老这么自己漂来漂去的了，对于我的爱情我妈妈根本不抱任何希望。我妈妈说，这个东西是不可靠的，最好将来你有个伴，你对一个孩子付出爱，这个还是比较实实在在的，会有一些安慰的。

鲁　豫：那你将来肯定会给他讲，妈妈曾经有过的一些很特别的故事。

金　星：是的，是的。我觉得他已经很特殊了，而且将来，在我儿子成长的过程当中，他也要开始学会承受很多东西。比如周围人的窃窃私语，闲言碎语。他本身就是一个弃婴，然后被一个女人收养，这个母亲还是个特殊的母亲。想到我儿子将来可能面对的这一切东西，更加勉励我，一定要做得更好。我要让他觉得，我是个非常值得他骄傲的母亲：我母亲虽然有特殊的经历，但我母亲是个很好的、非常认真严肃的艺术家。我觉得作为儿子他会很骄傲的。这个问题我肯定亲口告诉他。

鲁　豫：就准备要这一个孩子吗？

金　星：没有，如果条件允许的话，我准备最少收养两个孩子。

鲁　豫：一男一女？

金　星：一男一女也好，两个男孩也好，都无所谓。我觉得，我想收养五个孩子呢，如果我的条件、能力允许的话。我特喜欢孩子，我那天跟朋友开玩笑，说我把五个孩子的名字都起好了，老大现在叫金子雍，老二叫金子涵，老三叫金子君，老四叫金子雄……

一谈起儿子，金星总是眉飞色舞，脸上也洋溢着一种母性的光辉，她给我看了很多她跟儿子在一起的照片，但特别叮嘱我们，千万不要拍她的儿子，对于这点我很理解，也很赞赏。金星刚刚当上妈妈，我能够感觉到她还在慢慢地适应这个新的角色，毕竟做一个母亲很多时候要失去自我，可金星又是一个那么自我的人，但也能够感到对于这个新的角色和身份，她是那么投入。

四年之后，金星已经是三个孩子的母亲。和所有的妈妈一样，金星付出了作为母亲应该给予自己孩子的所有爱和关心，经历了作为一个母亲应该经历的所有的细节。然而由于她特殊的经历，在这四年时光中发生的一些事，却又是别的母亲所感受不到的。

鲁　豫：真的很奇怪，老大跟老三因为都是男孩儿，长得真的很像。

金　星：对。而且小三儿跟我长得特别像。最奇怪的是我女儿妮妮跟我姐长得一模一样。

鲁　豫：我知道你跟老大之间就是一个特别巧的渊源，你妈妈在医院里面碰到这个孩子，那老二跟老三是怎么走进你的生命当中的呢？

金　星：是这样的，因为可能当时都知道我收养第一个孩子，所以有些东北老家医院的我妈的朋友就会打电话问我会不会领养第二个孩子。以前我采访的时候还说过，有能力的话养三到五个吧。

鲁　豫：我总觉得女人当了妈妈以后就会特别伟大。

金　星：我觉得当了妈妈以后真实了，不那么虚无缥缈。尤其在演艺圈里的，全在飘。我当时就觉得，在做母亲之前我是个特别漂亮的风筝，在天上飞来飞去的，别人都会看，会说这个风筝挺有特点的或怎样，但是事实上没有那个舵，没有人拴住我。

鲁 豫：除了孩子以外，你也不愿意被任何人拴住。

金 星：对，我可以飘到任何一个地方去。但有了孩子以后，突然就被拴住了，你走到哪儿都会给你拽回来。所以这个变化只有做了母亲以后才会有这种感觉，男人和婚姻都拴不住你的，但孩子是例外。

鲁 豫：对，所以我觉得人当了母亲真的是很伟大。因为人总是很自我的，当妈妈是需要忘掉一部分自我，完全为了另外一个人的。其实说白了是有一部分要为另外一个人而活的。

金 星：而且你的生活无论多么丰富多彩，只有孩子会把最真实的生活告诉你。你得带他们去超市、给他们买东西、给他们换尿布，我绝对不是雇着阿姨，而我在旁边看着阿姨做，这些全是我自己来做的。

说起教育孩子的经验，金星脸上洋溢着母亲喜悦而幸福的红晕。关于自己具有传奇色彩的人生跨越，关于曾经二十八年的男儿经历，金星是将它作为秘密永久地封存，还是坦然地讲述给朝夕相处的孩子们呢？孩子们能接受吗？在金星的眼中，大儿子懂事而且自信，讲道理只要点拨到就可以。大儿子的懂事以及对妈妈那种特殊的“保护”和“体谅”，无疑给了金星继续收养的勇气。

鲁 豫：这三个孩子知道妈妈以前的故事吗？

金 星：太小了，现在老大可能知道。老二、老三现在还小呢。

鲁 豫：老大怎么知道？你怎么跟他说呢？

金　星：他自个儿知道的。家里照片我也不藏着盖着，他看我以前的照片或是报纸上我的自传，就问是谁，我说是妈妈。他就说："哦，妈妈以前是小帅哥。"我说："对呀，妈妈还打枪呢，在军队当兵打枪。"完了我说，"后来妈妈变成女人了，才能当你的妈妈啊！"

鲁　豫：但是我们可能每个人小时候都会突然问爸爸妈妈我们从哪儿来的？一般爸妈会跟我们开玩笑说你是捡来的。那他们会问你说我是怎么来的吗？

金　星：他倒没有问我。我经常说是我大儿子给了我收养第二个、第三个的勇气。因为他是个特别讲理的孩子。他现在已经快六岁了，其实三四岁的时候，他上幼儿园，有的时候我去接他或阿姨去接他，有些孩子的父亲会去接，但我儿子到现在从来没问过我一句"我父亲是谁"或者"为什么爸爸不来接我"。那个时候他从来没有问过我。而且我们周围邻居经常说："嘟嘟，你爸爸哪儿去了？"他自己下意识自己会说："我爸爸在国外呢！"而且因为我经常到国外演出，所以他还会说："妈妈去外国演出了，看爸爸去了。"他自己会编一个理由，特别绝。没有人跟他说，他自己也从来没问我一次关于爸爸的问题。这个话题他跟我之间是不谈的。我在等待他问我，我随时在等待他问我，因为我有很多答案给他，但他从来不问我。

孩子总是柔弱和敏感的个体，在他们稚嫩的心里可能有时什么也不说，但心里面什么都明白。都说女孩儿是妈妈的贴心小棉袄，而男孩儿则不同，在外面会认为自己是男子汉，要保护妈妈。金星的大儿子嘟嘟也是如此。说到儿子保护自己的点滴细节，那种自豪和喜悦活脱脱地勾勒出一个幸福的妈妈。

金　星：有一次在街上，我在前面走，突然两个女大学生看到我了，准备拿本子要签字。嘟嘟在我后边走，他也不知道什么人，他就说："你们喊我妈妈名字干什么？我是她儿子，有什么事儿跟我说吧。"他才五岁呀，然后我就跟他说不要这样。那两个大学生就给他说想找我签名，结果嘟嘟说："不行，我妈忙着呢！"

鲁　豫：有做经纪人的潜质。

金　星：他从小就特别会保护我。我不会把孩子限制到一个封闭的空间里面，我常带着他在社会上走，有时候带他去剧场演出，经常有些收发室的阿姨大爷们说话不太小心，就说："哎哟，金老师，这就是你收养的孩子？"我说："对。"他们就说："哎哟，这么漂亮！收养还能收这么漂亮的！"他们未必有恶意，是完全无意识说出来，但这些话我儿子都听到耳朵里了。他就在旁边，我就看我儿子嘟嘟的反应，他装作没听见一样，就好像耳旁风一样过去了。毕竟我孩子比较有礼貌，见到谁都叔叔、阿姨的打招呼，但我发现他从此不会再跟这个爷爷、阿姨打招呼了。即便他们叫他嘟嘟，他理都不理地转身就走，就跟没听见似的。特别倔。我观察过很多次，只要别人说他这个身世问题，说他怎么收养的这种话，他听到了以后当时没有反应，他也不会说什么，但以后这个人在他眼前就跟消失了一样，他不会再看那个人一眼。所以我觉得他可能还是有一些天性的东西在里面。

金星动情地给我们讲述了许多关于儿子的故事，而后依然从儿子的故事转回舞蹈的人生，这是她矢志不渝的事业。

金星告诉我，她不记得自己有过痛苦绝望到失声痛哭的时候，我想她一定是把那些痛苦的情绪都宣泄在舞台上了。她说她很有可能在事业还处于顶峰的时候，就离开舞蹈，但一定不会离开舞台，她可能会选择歌剧，可能会选择电影。金星需要灯光，需要掌声，需要舞台，因为她是为舞台而生的。

鲁　豫：你想做一个很有传奇性的女人吗？

金　星：我不知道，我只想做我自己想做的事情，传奇不传奇，风格不风格，这是别人定的，别人愿意怎么说就怎么说，但是起码我自己对得起我自己，起码闭上眼的那一天觉得没有什么遗憾，别到时候想做的事情没有做。

鲁　豫：你的生活当中还有遗憾吗？

金　星：肯定会有。

鲁　豫：是什么呢？

金　星：前几年一直有个遗憾，因为我觉得人们可能是更多地关注在我个人的生活上了，忽视了我的艺术创造力，其实我的艺术创造力是大大超过我个人的。我觉得这是个过程，金星是做了个变性手术，但她的艺术可能更有价值，或她的人生状态可能更有价值一些。所以当时我觉得很遗憾的是很多人没看到我的舞蹈，没看到我跳舞跳那么好，只看到我做变性手术。但是我觉得时间会说明一切的，时间是最好的证人。

金星，太阳系最引人瞩目的一颗行星，也是唯一逆向自转的行星。从跨越性别成为女人，到克服腿疾重返舞台；从领养子女初为人母，到高空偶遇喜结姻缘，变性以后的金星，正如行星纠正了偏离的轨道，运行得越来越精彩。

“我没道理把所有经历告诉别人，每个人走自己的路去吧！为自己的生命负责，谁也不能告诉谁怎么走。我吃了那么多苦，然后把这个经验告诉你，让你别走弯路？这是我自己的，我一分都不给别人。”

随着金星在世界各地舞蹈巡演的成功，她已成为世界上成就极高的中国舞蹈家之一。代表作《半梦》、《海上风》、《红与黑》、《海上探戈》、《这么远，那么近》等，也让她的舞蹈艺术越来越被国内外艺术界和普通大众所欣赏。

图书在版编目（CIP）数据

豫约幸福/凤凰书品编著.—北京：北京联合出版公司，2014.1
ISBN 978-7-5502-2450-6

Ⅰ. ①豫… Ⅱ. ①凤… Ⅲ. ①文艺工作者－访问记－中国－现代
Ⅳ. ①K825.7

中国版本图书馆CIP数据核字(2013)第309157号

豫约幸福

出版统筹：新华先锋
责任编辑：徐秀琴
封面设计：孙丽莉
版式设计：李　萌
责任校对：宋亚荟

北京联合出版公司出版
（北京市西城区德外大街83号楼9层 100088）
北京盛源印刷有限公司印刷　新华书店经销
字数180千字　787毫米×1092毫米　1/16　17印张
2014年5月第1版　2014年5月第1次印刷
ISBN 978-7-5502-2450-6
定价：29.80元
